행복하고 싶다면
고양이와 함께
사세요

가바키 히로시 지음 | 가바키 미나코 감수
한성례 옮김

문학세계사

늘 위안을 주고 많은 것을 알려 준 고양이

고지로(1998~2015)에게 바친다.

머리말

당신은 지금 고양이와 함께 살고 있나요?

아마 이미 같이 사는 사람도 있고, 함께 살고 싶지만 지금은 그렇게 할 수 없는 사람도 있을 겁니다. 고양이에게 관심이 있어 서점에서 이 책을 찾아 대충 훑어보는 사람도 있겠지요. 지금 고양이를 기르든 그렇지 않든 이 책은 분명 당신을 지금보다 조금이라도 더 행복하게 만들어 주고, 사람에 따라서는 매우 행복하게 만들어 드릴 것입니다.

이 책은 '고양이와 당신의 행복'에 초점을 맞춰, 광범위하면서도 구체적으로 쓴 최초의 책입니다.

이 책을 다 읽고 나면 당신은 다음 세 가지 점이 달라질 것입니다.

1. 몸과 마음이 건강해지고, 자신감이 생기고, 삶이 좋은 방향으로 바뀐다.
2. 고양이에게 감사하는 마음이 생기고, 더욱 좋은 관계를 만들 수 있게 된다.
3. 고양이의 매력을 전하는 힘이 생겨, 주위에 행복한 사람과 고양이가 늘어난다.

인사가 늦었습니다. 이 책을 읽어 주셔서 감사합니다.

저는 보호 고양이 일곱 마리와 함께 살며 출판 분야에서 기획과 제작 일을 하는 가바키 히로시라고 합니다.

저는 훌륭한 저자들의 저서를 세상에 내보내는 일을 하고 있습니다만 고양이를 좋아하다 보니 이번에는 제가 직접 책을 쓰게 되었습니다. 저는 원래 강아지를 더 좋아했습니다. 제 아내의 영향으로 고양이와 처음 함께 살기 시작했는데, 그때만 해도 고양이와 같이 지낼 시간을 만들기 위해 회사를 세우고 고양이에 관한 책까지 쓰게 될 줄은 꿈에도 생각지 못했습니다.

고양이가 가진 매력이 이 모든 것을 가능하게 만들었다고 생각합니다.

고양이는 인간에게 유익하고 멋진 존재입니다.

많은 사람들이 이 사실을 알고 있지만 의외로 그 이유를 모르는 사람들이 많습니다. 대부분 그저 귀엽다거나 위안이 된다는 등 감각적인 차원에서 벗어나지 못합니다.

참으로 안타까운 일입니다. 다양한 방식으로 바라보지 못한 까닭에 사람에게 좋은 영향을 주는 고양이의 매력을 놓쳐 버리는 것입니다.

이 책에서 '고양이와 사는 일이 왜 당신에게 멋진 일인지'를 다양한 방향에서 알기 쉽게 알려 드리겠습니다.

고양이와의 함께 살아 간다는 것은 어쩌면 지금 이 시대의 요구이기도 합니다. 최근에는 '고양이 노믹스'라는 말이 생겨날 만큼 고양이 관련 경제적 효과는 연간 2조 3천억 엔(약 23조 원)에 이른다고 합니다.

서점에는 고양이에 관한 책이 빽빽하게 꽂혀 있고 인터넷에는 관련 동영상이 넘쳐납니다. 고양이 캐릭터가 애니메이션 분야는 물론 지역 활성화와 관련된 부분까지 다양하게 쓰이고 있습니다. 고양이를 모티브로 한 상품도 종류를 가리지 않고 불티나게 팔리고 있습니다.

하지만 고양이에 관한 정보는 생각보다 그리 많이 알려져 있지 않습니다. 고양이는 본질적으로 사람에게 행복을 주는 능력을 가졌지만, 눈에 보이는 부분만 알려져 있습니다.

안타깝게도 이러한 고양이에 대한 이해 부족은 유기묘의 안락사를 포함해 고양이를 포획하고 사살하는 일을 정당화합니다.

일본 정부 환경성에 따르면 한 해 동안 포획되어 죽어 가는 고양이의 수는 약 8만 마리라고 합니다. 최근 몇 년간은 그 수가 줄어들고 있지만 여전히 적지 않은 고양이가 죽임을 당합니다. 몹시 안타까운 일입니다.

애완동물 가게에서 팔리는 고양이도 유통 과정에서 약 5천 마리나 죽는다고 합니다.

전례 없는 고양이 붐이라고 하지만 한편으로는 수많은 고양이가 영문도 모른 채 목숨을 잃습니다. 조금 늦었다고 생각되는 지금이야말로 고양이의 매력을 바로 알고, 함께 사는 법을 고민해 볼 때가

아닌가 생각됩니다.

  고양이는 그저 귀엽기만 한 동물이 아닙니다. 함께 사는 사람에게 인격적인 성숙과 관련한 문제에서부터 진지한 삶의 자세에 이르기까지 많은 것을 알려 주는 힘과 능력을 가진 존재입니다.

  역사를 돌아보면 인류는 고양이와 더불어 1만 년 이상을 함께 살아 왔습니다. '쥐들로부터 농작물을 지켜 주니까'라든가 '귀여워서'와 같은 단순한 이유만으로는 1만 년이나 관계가 지속되지는 않습니다. 더욱이 최근 불고 있는 엄청난 고양이 붐을 생각해 보면 인간과 고양이 사이에는 분명히 특별한 뭔가가 있습니다.

  그 배경에는 아직 잘 알려져 있지 않지만 '고양이와 인간이 서로를 필요로 하는 이유'가 있기 때문입니다.

  이 책에서는 그러한 부분을 좀 더 알기 쉽고 상세하게 알려 드립니다.

  저는 출판 분야에서 기획과 제작 일을 하며 '고양이 생활 어드바이저'인 아내와 함께 고양이 보호 활동을 해왔습니다. 주로 새끼 고양이를 보호하고, 키우고, 입양 부모 찾는 일을 합니다. 아내 역시 인터넷으로 고양이 기르기에 대한 무료 상담을 해왔습니다. 이 책을 제가 쓰긴 했지만, 2천 건 가까이 고양이와 관련한 상담을 해온 아내의 도움을 받아 완성했습니다.

이 책을 읽는 독자들과 더 많은 고양이들이 행복한 삶을 살기를 바랍니다. 그리고 그것을 계기로 불행한 고양이가 한 마리라도 더 줄 수 있다면 저로서는 최고의 기쁨일 것입니다.

차례

머리말 … 4

서장
인생에서 중요한 것은 모두 고양이가 가르쳐 준다

현대 사회에서 고양이의 새로운 역할 … 16

고양이와 사는 것 자체가 인생을 보다 좋게 만들어 준다 … 20

고양이는 당신의 상담사와 코치를 겸한다 … 21

인간이 고양이에게 배워야 하는 이유 … 24

제1장
왜 '고양이'는 건강에 좋을까?

불안감에 시달리는 당신에게 고양이가 주는 것 … 30

고양이가 치유한 자폐증 소녀의 이야기 … 33

위안받고 싶다면 고양이의 손을 빌리세요 … 35

건강을 지켜 주는 세 가지 '고양이 호르몬' … 38

고양이가 주는 '행복 호르몬'의 작용 … 39

41 … 고양이식 행복 호르몬 늘리는 법
45 … 고양이를 쓰다듬으면 안도감이 생기는 과학적인 이유
47 … 슬픈 일이 있으면 고양이에게 위로받자
50 … '활기의 함정'에 빠지지 않으려면
53 … '행복감'을 얻고 싶다면 고양이를 바라보세요
56 … 중독을 고치는 고양이의 힘
60 … 고양이의 힘을 빌리면 감정을 제어할 수 있다
62 … 고양이는 당신의 생활을 활동적으로 만든다
64 … 스트레스 사회에서 행복하게 살기 위한 방법

제2장

고양이와 살면 '자신다움'을 되찾을 수 있다

68 … 자신답게 사는 방법을 고양이에게 배우자
69 … 고양이의 목숨을 건 보답에 미국 전체가 놀라다
72 … 고양이는 당신을 더욱 애정 깊은 사람으로 만든다
77 … 새끼 고양이에게 배운 진정한 독립심
80 … 자신을 속이면서까지 호감을 얻으려고 하지 마라
84 … 자랑하고 싶은 병에 효과 있는 약

거절해도 미움받지 않는 고양이의 균형 감각 … 87
고양이는 최고의 자기주장 선생님 … 89
'대장 고양이'와 '회사 리더'의 공통점은? … 93
고양이는 당신의 숨은 인격을 이끌어 낸다 … 95
고양이는 부부 관계를 사이좋게 만들어 준다 … 98
아이에 대한 고양이의 좋은 영향과 나쁜 영향 … 101
고양이처럼 싸우며 강하고 다정한 사람이 되라 … 105

제3장
일류인 사람은 왜 고양이와 사는가?

고양이에게 휘둘릴 때 당신에게 일어나는 변화 … 110
'고양이를 홀리는 사람'의 사회심리학 … 111
결국 '고양이를 좋아하는 사람'이 많은 것을 얻는다 … 114
꿈을 이루어 주는 고양이 … 115
고양이에게 배우는 '게인 효과 -로스 효과' … 118
자유롭게 살려면 고양이처럼 무기가 필요하다 … 122
고양이처럼 하고 싶은 일을 하라 … 124
고양이는 당신을 '평가받는 사람'으로 만든다 … 128
'희소성'이란 함정에서 나를 지키는 법 … 129

132 … 상하 관계의 스트레스를 줄이는 방법

135 … 고양이와 살면 리더로서 필요한 아량이 넓어진다

139 … 왜 고양이 유형의 인재가 환영받을까?

제4장

행복을 가져다주는 고양이와 어울리는 방법

144 … 고양이와 잘 어울리면 인간관계도 원만해진다

146 … 고양이에 대해서는 늘 'Yes'가 정답

149 … 친해지고 싶다면 고양이를 쓰다듬어 주세요

153 … 고양이를 길들이자는 생각을 버리자

157 … 고양이의 주목도를 활용한 소통 방법

158 … 고양이도 사람도 칭찬해 주면 더 잘한다

161 … 고양이의 기쁨을 찾아주자

164 … 고양이의 호의는 모두 받아들이자

165 … '한 옥타브 더 높은 목소리'는 무기가 된다

168 … 미움받지 않기 위해 알아 둘 세 가지 감정 표현

169 … 더욱 사랑받기 위한 세 가지 감정 표현

170 … 고양이와의 생활은 '완전 실내'가 기본

172 … 건강하게 오래 살게 하는 고양이의 식사

고양이를 오래 살게 하는 온도 관리 … 175

고양이에게 사랑을 받는 먹이 주는 방법 … 179

동물병원을 잘 선택하자 … 184

고양이의 만족도가 비약적으로 높아지는 가구 배치 … 187

후회 없이 고양이와 만나는 방법 … 189

사전 지식이 없는 상태에서 새끼 고양이 키우는법 … 193

여러 마리 고양이와 함께 살면 좋은 점 … 198

고양이와 살 용기 … 200

이 책에 등장하는 고양이들 … 203

마치며 … 204

서장

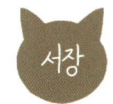

인생에서 중요한 것은 모두 고양이가 가르쳐 준다

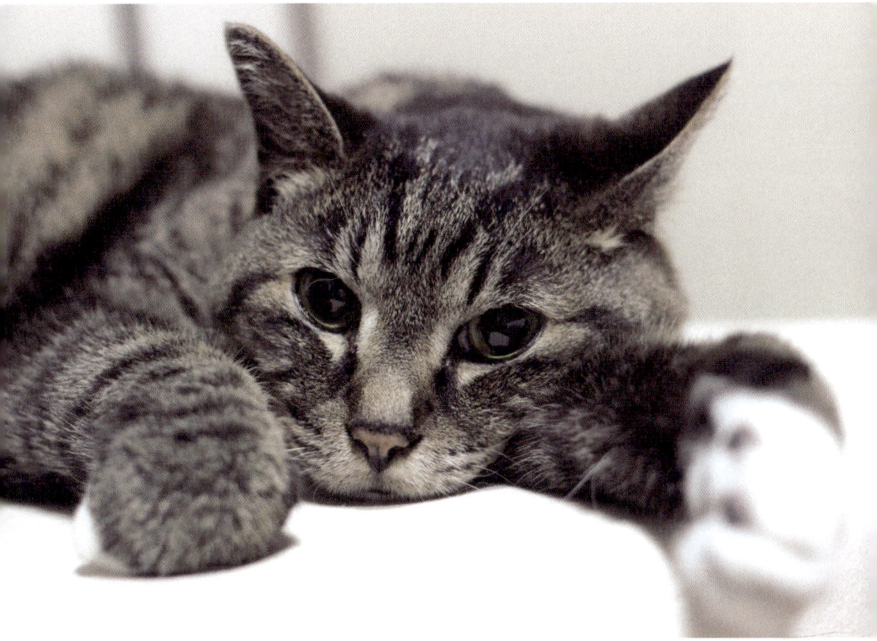

현대 사회에서 고양이의 새로운 역할

고양이와 인간의 관계는 약 1만 년 전까지 거슬러 올라갑니다.

지금까지는 약 4000년 전 이집트에서 시작되었다는 설이 있었지만 최근 들어 바뀌었습니다. 분자생물학과 고고학 분야에서 새로운 발견이 있었기 때문입니다.

고양이와 살쾡이의 DNA 차이를 조사한 결과 약 9000년 전 인간 주변에 살던 삵쾡이가 길들여져 집고양이가 되었을 것이라는 설과 지중해 키프로스 섬에 있는 9500년 전 유적에 인간과 고양이가 함께 매장되어 있던 것 등으로 봐서 지금은 '1만 년 설'이 가장 유력합니다.

서기가 시작된 것이 약 2000년 전인데 그보다 훨씬 앞선 8000년 전부터 고양이와 인간이 함께 살아왔다는 이야기입니다. 실감나지 않을 만큼 오랜 세월입니다.

처음에 고양이는 인간에게 농작물을 지켜 주는 '유용한 존재'로 함께했다고 합니다. 쥐가 식량을 갉아먹어 버리면 인간 생활의 기반이 위태로워지기 때문에 쥐를 잡아 주는 고양이는 일종의 '금고지기' 같은 존재였습니다. 그러던 관계가 차츰 바뀌어 갑니다. 처음에는 편의를 위해 키웠던 동물이 어느새 없어서는 안 될 파트너로 바뀐 것입니다.

예를 들면 고대 이집트에는 기원전 3000년 전까지 고양이에게 종교적인 의미가 없었습니다. 하지만 시대의 변화에 따라 고양이는 수호의 상징이 되었고, 나중에는 '신'으로 추앙받으며 신앙의 대상이 되었던 것입니다.

고대 이집트 시대 고양이는 편의를 위한 동물에서 애착의 대상이었다가 존경의 대상으로까지 바뀌게 되는 매우 중요한 존재였음을 알 수 있습니다.

이처럼 인간과 고양이의 역사는 길고 각별한 관계를 맺으며 이어져왔습니다.

그렇다면 고양이는 어떤 이유로 큰 사랑을 받았던 걸까요? 단순히 '쥐로부터 소중한 농작물을 지켜 주는 금고지기'나 '그저 귀여운' 존재일 뿐이었다면, 그 역할이 끝난 아득한 옛날에 벌써 관계가 끊어졌겠지요. 더욱이 다양한 애완동물을 골라 가며 기를 수 있는 지금, 고양이 붐이 이처럼 일어나지는 않았을 것입니다.

결론부터 말하자면, 이처럼 고양이와 인간의 관계가 깊고 오래 지속된 이유는 고양이가 '인간의 몸과 마음의 고민을 해소시켜 주고 성장하게 만들어 주는 존재'이기 때문입니다.

많은 현대인들이 불안과 저마다의 고민을 호소하고 있습니다. 저출산·고령화로 연금 제도가 무너지는 등 미래에 대한 경제적인 불안, 글로벌화로 인한 기업 간 경쟁의 격화, 인간관계로 인한 스트레스, 건강에 대한 고민도 끊이지 않습니다. 반면 이런 고민을 해결해 준다는 정보는 텔레비전 프로그램이나 서점의 자기계발서 코너에

가면 넘쳐납니다.

　결국 인간은 넘쳐나는 정보로 인해 또다시 스트레스를 받습니다. 한 세기 전 만해도 물건과 정보가 너무 많아 스트레스를 받는다는 건 상상도 못한 일입니다. 상황이 이렇다 보니 최근에는 '정리'나 '생각하지 말라' 등의 주제를 가진 책이 베스트셀러가 되기도 합니다. 고민이 수요를 낳고 그것이 다시 새로운 고민을 만들어 내는 악순환인 것입니다.

　이러한 시대에 고양이는 고민을 해소시켜 줍니다. 단순히 귀엽다는 감정을 넘어 사람을 성숙하게 만들어 줍니다. 그렇기에 고양이와 인간의 관계는 1만 년이나 이어지고 있으며, 특히 지금처럼 고민이 많은 시대일수록 고양이 붐이 일어나고 있다고 생각합니다.

　인간은 고양이와 사는 것만으로도 몸과 마음 모두가 건강해집니다. 사회적인 문제, 개인적인 고민에 대응할 수 있는 밑바탕을 만들어 주는 것이지요.

　고양이는 단순한 '금고지기'도 '애완동물'도 아닙니다. 놀랄 만큼 인간의 고민을 해소시켜 주며 정신적인 성장을 도와주는 존재입니다. 요컨대 고양이와 살면 우리는 행복할 수 있습니다.

　이러한 저의 주장을 독자들이 이해할 수 있도록 구체적인 근거와 사례를 들어 설명하고자 합니다.

　당신이 고양이와 살면서 얻게 되는 심리적·신체적 이점과, 그로부터 얻는 자신감, 사회생활의 방법, 그리고 대인관계의 개선에 이르기까지 다양한 방면에서 고양이가 당신에게 미치는 폭넓은 영향에 대해 알려 드리겠습니다.

고양이와 사는 것 자체가 인생을 보다 좋게 만들어 준다

　출판 시장에는 '자기계발서'이라는 분야가 있습니다. '보다 나은 인생을 살고 싶다', '인생에 대해 소중한 것을 배우고 싶다'라고 생각할 때 읽으면 도움이 되는 책입니다. 특별히 주제를 정하지 않고 다양한 방법으로 접근한 개별적인 가치들이 담겨 있습니다. 2010년 도산한 일본항공을 단 세 명의 측근들과 13개월 만에 흑자로 전환해 화제가 된 경영자인 일본 항공의 이나모리 가즈오 회장의 저서 중에『사는 법』이라는 책이 있습니다. 제목에서 금방 느껴지겠지만, 이런 책이 바로 살면서 어떤 상황에 처했을 때 다양한 도움을 주는 전형적인 자기계발서입니다.

　사실 고양이와 살다 보면 자기계발서를 읽는 것과 유사한 효과를 기대할 수 있습니다. 사람에 따라서는 그 이상의 효과를 얻을 수도 있습니다. 이 책에서는 이러한 효과를 '고양이 (자기) 계발'이라 이름 붙이겠습니다.

　'고양이와 살면 당신의 잠재적인 능력이 계발되고 정신적으로도 성장한다는 것'을 말하는 신조어입니다.

　고양이와 함께 생활하는 것은 삶의 여러 방면에서 도움이 됩니다. 이 책은 당신이 얻을 수 있는 효과를 각 장으로 나누어 설명하고 있습니다.

　고양이는 당신의 마음속 고통을 덜어 주고 몸을 건강하게 만들어 줍니다(제1장). 고양이는 당신의 자신감을 북돋아 주고 자존감을 높여 줍니다(제2장). 고양이는 당신의 사회생활을 원활하게 만들어 주고 일의 수준을 높여 줍니다(제3장). 마지막으로 고양이와의 행복한 삶을 위한 유용한 지식과 사례들을 소개하겠습니다(제4장).

이것이 '고양이 (자기) 계발'의 대략적인 내용입니다.

이 책은 당신이 얻고자 하는 인생의 여러 가치들을 폭넓게 다루고 있으므로 책의 순서와 관계없이 좋아하고 관심 있는 페이지부터 자유롭게 읽으셔도 무방합니다.

물론 처음부터 순서대로 읽어도 좋지만, 책을 읽을 때 많은 사람들이 읽다가 싫증이 나서 그만두는 현실을 생각할 때, 흥미 있는 부분부터 읽으면서 고양이의 매력을 알아가셨으면 합니다. 그러한 매력을 알지 못한 채 내려놓는다면 이보다 안타까운 일은 없을 것입니다. 그리고 잠깐씩이라도 가족이나 친구들에게 "고양이와 함께하는 생활은 정말 멋진 일이야."라고 소리 내어 말해 보시기 바랍니다.

고양이는 당신의 상담사와 코치를 겸한다

애니멀 테라피Animal Therapy라는 치료 분야가 있습니다. 동물이나 애완동물을 활용한 심리 치료법을 말합니다. 이처럼 동물은 인간을 치유하는 능력을 가졌습니다. 함께 있기만 해도 안정이 되고 마음이 가벼워지며 스트레스가 해소됩니다. 이러한 애완동물의 치유 능력은 나빠진 심신의 상태를 원래 상태로 회복시켜 줍니다.

　일반적으로 고통스러운 마음의 문제는 상담 분야를 통해서 치유가 이루어집니다. 그런 관점에서 본다면 고양이뿐 아니라 애완동물 모두 상담사라고 해도 무방합니다. 그리고 이것이 우리가 애완동물과 함께 사는 가장 중요한 이유 중 하나입니다.

　특별히 고양이는 다른 애완동물들에 비해 그 효과가 높은 수준으로 나타납니다. 마음의 상태를 마이너스에서 제로로 되돌려 줄 뿐 아니라 제로에서 플러스로까지 끌어올려 주기도 합니다. 이런 고양이의 능력은 치유의 단계를 넘어 코칭Coaching의 영역으로까지 확장될 수 있습니다. 그러므로 고양이와 함께 살면 개인 상담사이자 코치를 동시에 두는 것과 같은 효과를 기대할 수 있습니다.

　앞에서 이 책의 개요를 말씀드렸지만 1장은 마음의 고통을 치유하고 몸을 건강하게 만드는 '카운슬링'에 관한 내용입니다. 그리고 2장은 자신감과 관련한 조언들, 3장은 사회생활에 대한 전문적이고 폭넓은 조언이라고 할 수 있는 '코칭'과 관련한 내용입니다. 그러므로 지금 당신이 가장 필요로 하는 부분부터 읽어 나가기를 권합니다.

　물론 이것저것 알아보지 않고 그저 고양이와 살기만 해도 치유의 효과를 기대할 수 있습니다. 사실 그것만으로도 충분하다고 생각합니다. 그럼에도 고양이를 잘 모르거나, 오해와 편견이 쌓이다 보면 기대하는 결과를 얻지 못할 수도 있습니다. 반대로 고양이와의 생활을 통해 많은 것을 얻게 된다면 사람들이 고양이를 대하는 자세가 달라질 것입니다. 코칭은 의식적으로 느껴야 많은 효과를 얻을

수 있습니다. 이미 고양이와 살고 있는 분이라면 더욱 많은 깨달음과 행복을 경험하고 그것이 자극제가 될 수 있도록 주변에 널리 알려 주시길 바랍니다.

인간이 고양이에게 배워야 하는 이유

왜 이 책에서는 '고양이'만 특별하게 다루고 있을까요?

이 책에 쓴 하나하나를 별도로 다룬다면 다른 동물로 바꾸어도 무방한 부분이 있을 수 있습니다. 그렇다면 굳이 고양이가 아니더라도 상관없지 않느냐고 질문하실지도 모릅니다.

결론부터 말하자면 역시 고양이이어야 합니다.

그 이유는 두 가지입니다. 첫 번째는 이 책에 쓴 모든 내용을 동시에 충족시킬 수 있는 동물은 고양이밖에 없다는 것입니다. 이처럼 폭넓은 영향을 미치는 동물은 없습니다. 이 책에서 다룬 모든 일들을 이루려면 관련 서적을 읽고 세미나에 참석하고 상담사나 코치에게 의뢰해야 합니다. 시간과 비용, 그리고 노력도 필요합니다. 그러나 고양이라면 그저 함께 살기만 하면 됩니다.

두 번째 이유는 뇌의 기능에 있습니다. '좋아하면 좋아할수록 배움의 효과가 커진다'는 말이 있습니다. 뇌는 정보를 필요에 따라 골라냅니다. 좋다고 생각하면 그 정보는 중요하다고 판단해서 강한 인상과 함께 깊이 각인됩니다. 이를 기능적인 면에서 설명하면, 뇌의

해마海馬라는 부분이 정보의 중요도를 판단하기 때문인데, '좋다, 싫다'를 판단하는 편도체가 바로 옆에 붙어 있어 그 영향을 강하게 받습니다. 옛날부터 '좋아하는 일은 잘할 수 있기 마련이다.'라고 했는데, 이는 뇌의 기능으로 볼 때 이치에 들어맞는 말입니다.

고양이를 좋아하는 사람의 뇌 구조는 무엇보다 고양이를 우선시하게 됩니다. 당신의 뇌 속 편도체가 '고양이가 좋다!'라고 판단하면 옆에 있는 해마가 '그럼 이 정보는 아주 중요하다!'라고 판단합니다. 이러한 뇌 속의 진행 과정을 거쳐 학습 효과를 극대화할 수 있습니다.

이는 현재 우리에게 매우 중요한 의미를 가집니다. 우리는 매일같이 불필요한 정보에 노출되어 있습니다. 그러다 보니 무엇을 보고 듣고 배우더라도 한쪽 귀로 흘려 버리는 습관이 생겼습니다. 강한 인상을 남기는 경우가 아니라면 배운 것의 70퍼센트를 다음날 잊어버립니다. 그런 까닭에 실생활에서 응용할 수 있는 정보는 많지 않습니다. 수많은 책과 세미나가 즉각적인 도움이 되지 못하는 원인도 이와 같습니다. 수박 겉핥기식 지식이나 탁상공론이 되기 십상이기 때문입니다.

정보를 자기 것으로 만들고 실생활의 지혜로서 바로 활용할 수 있는 방법 중 하나가 '고양이가 주는 실천적인 지혜'를 배우는 것입니다.

물론 고양이에 대한 존중과 애정 없이 이런 효과는 얻지 못합니다. 소설가 요시카와 에이지는 "나 이외는 모두가 다 스승이다."라는 말을 소설 『미야모토 무사시』1584~1645, 일본 막부 시대 정권을 잡았던 인물로, 단 한 번도 대결에서 패한 적이 없는 전설적인 검술가이자 서예가에 썼습니다.

 이처럼 겸허히 배우는 자세와 높은 곳을 바라보고자 하는 마음이 있을 때, 우리는 고양이를 통해 다양한 지식과 깨달음을 얻을 수 있습니다. 양이는 당신의 인생에 있어 소중한 것을 모두 가르쳐 줍니다.

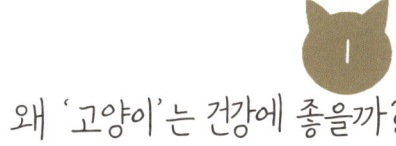

왜 '고양이'는 건강에 좋을까?

불안감에 시달리는 당신에게 고양이가 주는 것

누구나 한 번쯤 좋지 않은 경험 때문에 일할 맛도 안 나고 취미를 즐기지도 못했던 적이 있을 겁니다. 때로는 그 기분이 며칠씩 이어져서 계속 울적할 때도 있습니다.

인간은 정신적인 충격을 받으면 언어를 주관하는 좌뇌의 활동이 약해집니다. 그래서 일이 손에 잡히지 않게 됩니다. 그뿐이 아닙니다. 정신적인 안정을 만들어 주는 신경 전달 물질이 억제됩니다. 그 결과, 풀이 죽거나 충동적인 행동을 보이며, 수면장애나 우울증에 걸리는 경우도 있습니다.

처음에는 사소한 정도였지만 이런 상태가 오래 지속되거나 마음속에 쌓이면 점점 안도감을 갖지 못하고, 무의식적으로 자기 주변이 위험한 세계라는 생각에 빠집니다. 그럴 경우 다른 사람과의 의사소통도 원활하게 이루어지지 않고 신뢰 관계도 무너집니다. 자신에 대한 긍정적인 감정을 잃어 스스로에게 용기를 북돋아 주지도, 긍지를 심어 주지도 못하게 되고 나중에는 일어설 힘마저 잃어버립니다.

이야기가 조금 어두워졌지만, 이는 결코 특별한 사람들의 이야기가 아닙니다. 일본 정부의 후생노동성에 따르면 우울증 등 기분장애 환자 수는 과거에 비해 크게 늘어나 무려 111만 명에 이른다고 합니다(2015년 기준). 15년 만에 2.5배나 늘어났습니다.

감기도 방치하면 폐렴이 될 수 있습니다. 마음의 병도 반드시 가벼울 때 치료해야 합니다. 하지만 당신이 고양이와 함께 산다면 괜찮습니다. 고양이가 매일 당신 곁에 있기 때문입니다.

스트레스는 매일 쌓이므로 그때그때 풀어 주는 것이 중요합니다. 취미나 스포츠를 즐기고 술을 마시며 울적함을 달랠 수도 있지만 날마다 되풀이 하다 보면 부부 간, 가족 간의 트러블이나 경제적으로 더 큰 문제가 생길 수도 있습니다. 그런 점에서 고양이를 통해 위안을 찾는 방법은 이상적인 해소 방법입니다.

두 번째 이유는 고양이가 당신의 뇌 속에서 마음을 안정시키는 호르몬을 분비하게 합니다. 예를 들면 3대 신경 전달 물질 중 하나인 '행복 호르몬' 세로토닌이 그중 하나입니다. 고양이의 존재는 정신적 안정이나 마음의 평온과 직접적인 연관이 있는 뇌 속 환경에 큰 영향을 미칩니다. 고양이와 함께 살기만 해도 뇌에 좋은 영향을 주는 몇 종류 호르몬이 분비됩니다. 그러한 호르몬의 작용으로 본래의 건강한 상태로 돌아갑니다. 하루하루 인생에 대한 삶의 평온을 유지할 수 있는 것입니다.

그렇다면 개와 같은 다른 동물로도 같은 효과가 있지 않을까 생각하시는 분도 있을 것입니다. 부정하지는 않습니다. 다만 고양이의 경우는 약간 다릅니다. 고양이는 당신이 주인이라고 하더라도 무조건적으로 따르지 않습니다. 먹이를 주기 때문이라는 타산적인 관계도 아닙니다.

고양이가 당신 곁에 있는 것은 스스로 그렇게 하고 싶기 때문입니

다. 고양이는 무리를 형성하는 동물이 아닙니다. 그렇기에 주인을 섬겨야 한다는 의무도 느끼지 않습니다. 거기에는 계산이 없는 관계, 서로의 진심만으로 성립하는 신뢰 관계가 있습니다.

그래서 고양이가 곁에 있어 줄 때 느끼는 안도감은 다른 동물과는 달리, 눈에 보이는 조건 없이 순수한 교감을 통해 형성됩니다.

이와 같이 고양이는 특별한 안도감을 제공합니다. 그 덕에 하루하루 조금씩 치유가 되고 회복되며, 불안하고 불행한 느낌은 줄어듭니다. 이것이 당신이 힘들 때 고양이가 주는 '고양이 (자기) 계발' 효과 중 하나입니다.

이 장에서는 고양이가 주는 특별한 효과와 그 이유에 대해 자세히 살펴보겠습니다.

고양이가 치유한 자폐증 소녀의 이야기

영국에 아이리스 그레이스 행쇼Iris Grece Halmshaw라는 여섯 살짜리 소녀가 있습니다. 이 아이는 그림을 뛰어나게 잘 그리는 것으로 유명했는데, 중증 자폐증이었습니다. 의사조차 "이 아이는 평생 말을 못할 것이다."라며 포기할 정도였습니다.

그러나 고양이를 만나면서 아이는 기적적으로 말문을 트이기 시작했습니다. 그뿐만이 아닙니다. 정신적으로도 차분해지고, 아침이면 아무리 깨워도 일어나지 않던 아이가 지금은 함박 웃으며 일어나게 되었다고 합니다. 아이는 그림을 그릴 때도 고양이와 함께 있고, 잠을 잘 때도 고양이와 함께 있습니다. 그 모습을 보고 주변의 어른들까지도 마음이 치유되었다고 합니다. 인터넷에 올라온 이 아이의 동영상은 현재 수백만 번 재생되고 있습니다.

'Different is Brilliant' https://vimeo.com/148709885 (동영상 링크)

자폐증에 걸리는 원인은 여러 설이 있습니다. 그러나 왜 고양이와 사는 것만으로 아이의 자폐증이 나아졌는지 그 인과관계는 아직도 증명되지 않았습니다. 다만 누구에게도 마음을 열지 않던 소녀가 고양이와 신뢰 관계를 쌓으면서 치유가 된 것은 틀림없는 사실입니다.

앞으로 이에 관한 연구가 진행되면 정신 치유의 과정을 알 수 있을 것입니다. 지금 가장 중요한 것은 고양이가 우리에게 어떤 이점이 있는가 하는 점입니다. 지금 이 순간 그 동영상을 전 세계 사람들이 보고 있다는 사실에서도 알 수 있듯이 고양이와 함께 생활하면 국경과 인종을 초월하여 누구나 공감하고 납득할 만한 위안을 얻을 수 있습니다.

제가 이 이야기를 듣고 흥미로웠던 사실은 아이리스의 부모님이 처음에 몇 종류의 동물을 통해 애니멀 테라피를 시도했다는 점이었습니다. 그중에는 고양이도 포함되어 있었는데 그때는 별 관심이 없었다고 합니다. 그러던 어느 날, 친척이 잠시 맡긴 고양이에게 관심을 보이면서 아이리스는 처음으로 말을 하며 쫓아다녔다고 합니다. 그 뒤 지금의 고양이와 만나자마자 친해졌다고 합니다.

저는 여러 마리의 고양이와 함께 살고 있어서, 고양이마다 생김새나 성격이 다르며 다양한 개성을 가졌다는 사실을 잘 알고 있습니다. 상냥하지만 착실하거나 드세지만 응석받이인 경우 등 고양이의 성격은 다양합니다. 인간관계도 마찬가지입니다. 서로를 받아들여 치유하는 관계도 있고, 얼핏 보면 경쟁하는 듯 보이지만 서로 격려하는 관계도 있습니다.

고양이도 인간과 마찬가지로 다양한 관계를 가지고 있습니다. 당신을 조용히 치유해 주는 고양이도 있고, 적극적으로 용기를 북돋아 주는 고양이도 있습니다.

만약 과거에 '고양이는 이런 생물이다'라는 선입견을 가졌더라도 마음을 열고 고양이와의 만남이 단 한 번뿐이라는 태도를 가지고 진심으로 대하셨으면 좋겠습니다. 그런 진심이 전해진다면 고양이는 상상을 초월한 무언가를 당신에게 줄 것이며, 지금까지 알지 못했던 많은 것들을 가르쳐 줄 것입니다.

 고양이와 나누는 우정은 자폐증도 치유해 준다.

위안받고 싶다면 고양이의 손을 빌리세요

앞에서도 설명 드린 애니멀 테라피란 동물과의 상호 교감을 통해 정신적·육체적인 회복을 목적으로 한 심리 치료입니다. 치료의 대상은 범위가 넓습니다. 예를 들면 등교를 거부하는 아이, 요양원의 어르신들, 우울증을 앓는 분, 말기 암 환자분 등 다양한 대상에 대한 치료 프로그램이 있습니다. 애착을 가진 동물과 지낸 사람은 그렇지 않은 사람보다 고독감을 덜 느끼기 때문에 '억울 상태'_{느낌이나 생각이 억눌려 답답한 병적 상태}에 잘 빠지지 않는다고 합니다. 또 애착이 강하면 강할수록 억울 상태에서 호전되어 행복감이 커집니다.

고양이는 애니멀 테라피에서 중요한 역할을 맡고 있습니다. 어떤 요양원에서 고양이와 지낸 노인의 혈압이 80퍼센트나 내려갔다는 실험 결과가 있습니다. 이런 효과 덕분에 최근에는 애완동물과 동거를 할 수 있는 요양원이 늘어나는 추세입니다.

그밖에도 애완동물과 함께 사는 고령자는 병원에 다니는 횟수가 적습니다. 심근경색 환자분 중에서도 애완동물과 살았던 분들의 경우 1년 후 생존율이 3배나 높다는 조사 결과가 있습니다.

고양이와 함께 살면, 바로 앞의 불안한 마음을 잠시나마 잊을 수 있습니다. 마음이 따스해져서 시간의 흐름을 잊기도 합니다. 고양이와 교류를 하고 나면 마음이 상쾌해집니다. 그리고 어느새 아픔과 초조함이 사라지는 것을 경험하게 됩니다.

누구나 우울증에 걸릴 수 있는 시대입니다. 그렇기에 의사의 치료와 가족의 도움뿐 아니라 버팀목이 될 만한 모든 것을 이용하면 미리 막을 수 있습니다. 더불어 당신이 고양이를 좋아한다면 위안을 얻을 수 있는 큰 이점을 가진 셈입니다. 만약 우울증 증상이 나타난다면 '고양이의 손을 빌려' 안정을 되찾기를 적극 권합니다.

 고양이의 치유 효과는 애니멀 테라피를 통해 증명되었다.

건강을 지켜 주는 세 가지 '고양이 호르몬'

고양이가 인간을 치유하는 몇 가지 실례를 소개해 드렸습니다.

여기부터는 그 이유를 살펴보겠습니다. 인간이 정신적으로 심각한 타격을 받으면 뇌기능의 일부를 마비시킴으로써 외부 공격에 적응을 하려 합니다. 이것이 외상 후 스트레스 장애, 이른바 PTSD입니다.

하지만 외부 공격으로부터 지켜 주는 대신 부작용으로 인해 행복을 못 느끼고 매사에 관심이 없어지기도 합니다. 부정적인 감정이 늘어나고 긍정적인 감정은 눈에 띄게 줄어듭니다. 경우에 따라서는 기억이나 언어에 장애가 나타나기도 합니다.

한 번에 큰 타격을 받아 PTSD를 앓는 경우도 있지만 하루하루의 스트레스가 쌓여 자신도 모르는 사이에 병적인 상태로 악화되는 경우도 있습니다. 스트레스가 많은 사회에 사는 우리에게 무서운 이야기입니다.

현재는 다양한 치료법이 있지만 효과적인 치료법 중 하나가 고양이와의 생활입니다. 왜냐하면 우리 인간의 사고와 감정의 대부분은 뇌와 관련된 호르몬의 영향을 받기 때문입니다. 고양이는 당신에게 그러한 호르몬이 잘 분비될 수 있는 환경을 만들어 줍니다.

구체적으로는 아래의 세 가지 호르몬과 크게 관련되어 있습니다.

●세로토닌 … 별칭 '행복 호르몬'

- 옥시토신 … 별칭 '애정 호르몬'
- 베타 엔도르핀 … 별칭 '뇌 속 마약'

우리 뇌는 고양이와 살며 여러 장면에서 자연스럽게 이러한 뇌 속 호르몬을 분비합니다. 말하자면 3종 '고양이 호르몬'이라고 이름 붙일 수 있습니다. 피로와 스트레스로 상처받은 당신을 고양이는 복합적으로 치유해 줍니다.

다음은 각각 뇌 속 물질의 역할에 대해 자세하게 살펴봅시다.

 고양이는 세 가지 뇌 속 물질로 당신을 치유한다.

고양이가 주는 '행복 호르몬'의 작용

먼저 '행복 호르몬'으로 유명한 세로토닌의 대해서입니다. 세로토닌은 신경을 안정시키는 작용을 합니다. 마음이 평온하거나 정신적으로 차분하면 세로토닌이 작용하고 있을 때입니다.

그러나 인간은 감정의 기복도 있고, 때로는 흥분하거나 화를 내기도 합니다. 세로토닌이 '안정'과 연관이 있다고 말하는 것은 이러한 흥분을 진정시키는 역할을 해주기 때문입니다. 알기 쉽게 말하면 이 물질은 항상 상냥합니다. 게다가 화가 났을 때도 진정시켜 주는 든든한 녀석입니다.

세로토닌 자체가 마음을 안정시켜 주고, 다른 자극을 억제하는 역할을 합니다. 좀 더 자세히 말하면 다음과 같습니다.

- 도파민 … '쾌감 호르몬'으로 기분이 좋아지고 집중력과 사기를 높인다.
- 노르아드레날린 … '분노 호르몬'으로 흥분하게 만들 뿐만 아니라 불안감과 공포감과 관련이 있습니다.
- 세로토닌 … '행복 호르몬'으로 마음을 안정시켜 주고 노르아드레날린의 소란스러운 두 가지 신경 전달 물질을 억제한다.

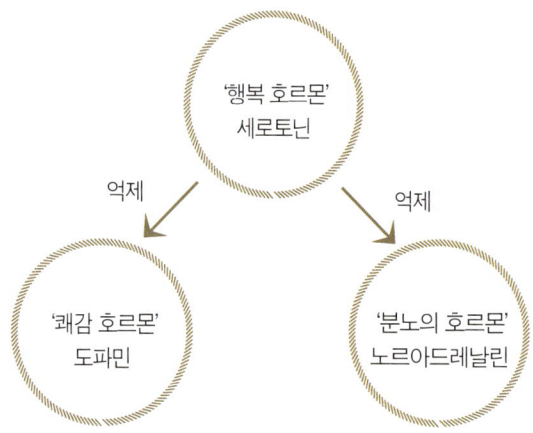

이를 '3대 신경 전달 물질'이라고도 합니다.

이러한 호르몬이 작용하의 작용으로 우리가 희로애락의 감정을 느낄 수 있으며, 불안하거나 분노가 가라앉지 않을 때에도 마음의 평온함을 되찾게 해주는 것입니다.

물론 흥분과 분노, 불안이라는 감정도 우리에게 없어서는 안 됩니다. 다만 그러한 감정들에 휘둘리면 여러 문제가 생깁니다.

예를 들어 인간은 스트레스를 받으면 공포감이나 불안감을 느끼게 하는 노르아드레날린을 분비합니다. 이 호르몬은 우리에게 위험을 알려 주고 집중력을 높여 주는 역할을 합니다. 하지만 과다 분비되면 지속적으로 스트레스를 받는 상태가 됩니다. 그러한 상태가 반복되면 뇌 속에서 '노르아드레날린 수용체'의 감도가 늘어나 작은 일에도 민감하며 쉽게 짜증을 내거나 지나치게 상처를 받습니다. 이런 반응의 최종 단계 중 하나가 우울증입니다.

중요한 것은 밸런스입니다. 세로토닌은 격한 감정을 억제시키고 안정시켜서 균형을 잡아 줍니다. 그리고 평온한 안정감을 가져다줍니다. 그래서 행복 호르몬이라고 부르는 것입니다.

 마음의 안정에는 3대 신경 전달 물질의 균형이 중요하다.

고양이식 행복 호르몬 늘리는 법

이와 같이 '행복 호르몬' 세로토닌은 매우 중요합니다. 일반적으로 세로토닌을 늘리는 방법은 여러 가지가 있지만 고양이와 살고 있다면 신경 쓰지 않아도 됩니다. 왜냐하면 고양이와 살고 있으면 자연스레 많은 세로토닌이 분비되기 때문입니다.

먼저 세로토닌을 늘리는 요소 중 하나가 '일찍 자고 일찍 일어나기'입니다. 요컨대 햇빛을 받으며 규칙적인 생활을 하는 것이 중요합니다. 이는 고양이와 함께 살고 있다면 쉽게 지킬 수 있습니다. 왜냐하면 아침마다 고양이가 깨워 주기 때문입니다.

우리 집 고양이는 아침마다 베개 밑으로 와서 "배고파!"라며 웁니다. 그것도 한 마리가 아니라 다섯 마리가 한꺼번에 몰려와 압박합니다. 고양이의 그러한 압박 덕분에 일찍 일어나게 됩니다. 고양이의 배꼽시계는 매우 정확해서 매일 아침 똑같은 상황이 정확하게 반복됩니다. 먹이를 재촉하는 정도가 고양이마다 차이는 있지만, 아무리 소극적인 고양이라도 배가 고프면 분명히 밥을 달라고 조릅니다.

그 다음으로 세로토닌을 늘리는 요소로는 '리듬 운동'이 있습니다. 구체적으로는 걷기, 심호흡, 음식을 잘 씹기 등입니다. 일정한 리듬으로 반복되는 심플한 운동이 세로토닌을 늘려 줍니다. 고양이와 살다 보면 자연스럽게 간단한 운동이 늘어납니다. 왜냐하면 고양이가 "놀아 줘!"라고 날마다 조르기 때문입니다.

고양이는 눈앞을 가로지르는 물건에 관심을 가지는 동물이므로 장난감을 얼굴 앞에서 리듬감 있게 흔들어 주면서 '오른쪽, 왼쪽, 오른쪽, 왼쪽' 하며 고양이의 시선이 좌우로 움직이게 합니다. 그럴 때도 당신은 이미 리듬 운동을 하고 있는 것입니다.

이런 리듬 운동을 거의 매일 정기적으로 반복하게 됩니다. 왜냐하면 사람은 잊어버려도 고양이는 기억하기 때문입니다. 고양이는 '이거 재밌다!'라고 한 번 기억하면 잊지 않습니다. 거기에 고양이의 정확한 배꼽시계까지 더해집니다. 매일 "놀아 줘!"라고 재촉하여,

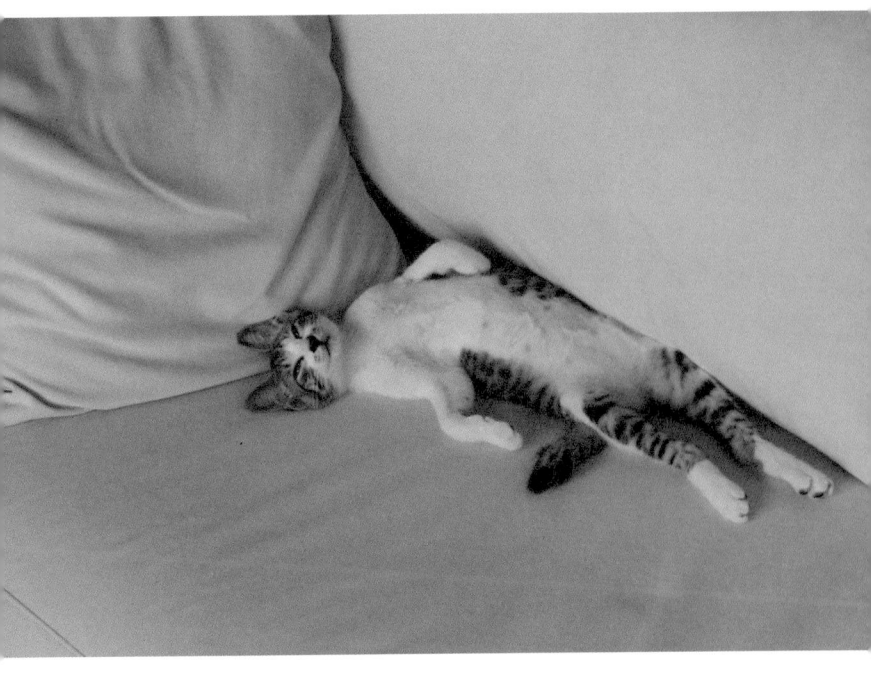

리듬 운동을 반복하도록 만들 것입니다. 또한 같이 지내다 보면 고양이의 몸짓에 웃을 기회도 많아집니다. 이것이 세로토닌의 분비로 이어집니다. 고양이의 재미있는 동영상이나 사진이 인터넷에 대량으로 업로드 되어 있는 것을 봐도 알 수 있지만, 그 몸짓이나 행동은 인간의 마음을 온화하게 해주고 웃게 만듭니다.

고양이는 영역 동물입니다. 확실하게 안심이 되는 공간에서만 편히 쉽니다. 안심되는 곳이란 당신의 집입니다. 고양이는 당신의 집에서 '안심 아우라'를 대량으로 방출해 곁에 있는 당신까지 편히 쉬게 만들어 줍니다. 아무리 고양이 동영상 사이트가 성황을 이룬다 해도 실제로 고양이가 곁에서 발산하는 안심 아우라와는 비교할 수 없습니다.

당신이 아우라의 효과 범위 속에 있으면 안도감이 밀려들 것입니다. 최근에 '고양이 카페' 붐은 이런 위안 효과가 요인이라고 생각합니다. 고양이 카페를 다니고 있는 분이라면 누구라도 이 말에 고개를 끄덕이겠지요.

이처럼 고양이와 살다 보면 당신은 자연스럽게 세로토닌을 만들어 내는 라이프 스타일로 바뀌어 있을 것입니다. 또한 고양이와의 스킨십으로도 세로토닌이 늘어납니다. 당신이 고양이를 쓰다듬고 고양이는 당신의 손을 할짝할짝 핥습니다. 이런 행동에서도 세로토닌이 분비됩니다. 이에 대한 자세한 설명은 다음 항목에서 해드리겠습니다.

 고양이와 살면 '행복 호르몬'인 세로토닌이 늘어난다.

고양이를 쓰다듬으면 안도감이 생기는 과학적인 이유

 이번에는 고양이와 마음의 안정에 대해 살펴보겠습니다. 고양이는 쓰다듬어 주면 '그때 기분에 따라 조금 다르지만' 매우 기뻐합니다. 때로는 보답으로 당신의 손을 핥아 주기도 합니다. 편안한 표정으로 할짝할짝 핥아 주는 모습을 보면 위안이 됩니다. 그런데 이것은 기분만이 아니라 실제로 편안해지는 효과가 있습니다. 옥시토신의 분비에 의한 효과입니다.

 당신이 고양이를 쓰다듬으면 자극이 손바닥에서 뇌로 전달됩니다. 이 감촉이 뇌하수체 후엽에서 나오는 '애정 호르몬'이라 불리는 옥시토신을 분비하게 만듭니다. 옥시토신은 서로 교류하고 싶은 마음을 촉진하는 효과가 있습니다. 또한 옥시토신은 마음을 안정시키는 신경 전달 물질 세로토닌의 분비를 촉진시킵니다. 이를 테면 고양이를 쓰다듬기 시작하면 한없이 쓰다듬고 싶어지고, 마음이 차분해지며 그 감정이 가득 차오르는 느낌이 듭니다. 그 결과, 더욱 쓰다듬고 싶어지는 '위안의 순환 고리'가 형성됩니다.

자신의 손바닥으로 느낀 자극에 고양이가 핥아 주는 피부 자극이 더해지면 한층 효과가 커집니다.

인체 생리학적으로 말하자면, 피부는 표면적으로 비교해도 인체 최대의 기관입니다. 그리고 오감 중에서도 미묘하고 복잡한 자극을 뇌에 전달하는 기관이기도 합니다. 섬세하고 우수한 기관이 당신의 뇌에 명령을 내려 효과적으로 뇌 속 호르몬을 분비시킵니다.

또한 고양이를 쓰다듬고 있으면 '갸르릉 갸르릉' 하고 울거나 당신을 신뢰하는 눈빛으로 바라보는 경우가 많습니다. 이는 말할 필요도 없이 더욱더 위안의 효과를 높여 줍니다.

고양이를 쓰다듬으면 아드레날린과 코르티솔이 필요 이상으로 분비하는 것을 막아 준다는 연구 결과가 있습니다. 코르티솔에 대해서는 나중에 설명하겠습니다만, 이 두 호르몬이 지나치게 분비되면 면역력이 저하됩니다. 그런 이유로 고양이를 쓰다듬는 것만으로도 당신의 몸을 지키는 효과가 있습니다.

이처럼 고양이를 쓰다듬으면 몸과 마음이 위안을 얻습니다.

더욱 멋진 일은 이 위안 효과를 고양이도 받고 있다는 것입니다. 사람도 위안을 받고 고양이도 편안하게 만드는 관계, 그야말로 서로 돕는 관계입니다.

고양이를 쓰다듬으면 '애정 호르몬'이 늘어난다.

슬픈 일이 있으면 고양이에게 위로받자

슬픈 일이 있으면 왠지 컨디션도 좋지 않습니다. 그 이유가 '스트레스 호르몬'이 요인인 경우도 있습니다. 인간은 스트레스를 계속 받다 보면 몸을 지키는 면역 기능이 떨어집니다. 그 원인은 '스트레스 호르몬'이라고 불리는 코르티솔에 있습니다.

코르티솔은 부신피질에서 분비되며, 여러 대사 작용에서 중요한 역할을 맡고 있습니다. 하지만 스트레스를 받으면 분비량이 증가하여 부작용을 일으킵니다. 염증을 진정시키는 좋은 작용도 하지만 면역 기능을 떨어뜨리는 나쁜 작용도 합니다. 분비량이 증가하면 쉽게 감기에 걸립니다. 혈당치를 높이는 기능도 있어 당뇨병이나 동맥경화의 원인이 되기도 합니다.

그런 연유로 스트레스를 방치해 두면 오랜 시간에 걸쳐 당신의 몸은 서서히 병이 듭니다. 그러나 고양이와 함께 살면 문제없습니다. 앞에서 고양이를 쓰다듬으면 옥시토신이란 애정 호르몬이 분비된다고 설명했습니다만, 사실 이 옥시토신은 뇌 시상하부에 작용하여 코르티솔의 과잉 분비를 억제시켜 주는 역할도 합니다.

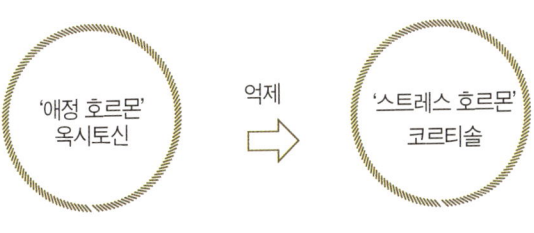

고양이는 날마다 같이 있어 달라거나 스킨십을 해달라고 조릅니다. 자연스럽게 매일 세로토닌이 분비되고, 코르티솔을 억제하는 생활 습관을 가지게 됩니다.

제 경험상 사람이 슬픔에 빠져 있으면 고양이가 알아차리고 곁에 있어 줄 때가 많았습니다. 아내가 풀이 죽어 있을 때도 항상 고양이가 곁에 와 있었습니다. 장모님이 돌아가셨을 때는 장남 고양이 고지로가, 고지로가 죽었을 때는 차남 고양이 치치가 다가와 울음소리도 내지 않고 오랫동안 곁에 있어 주었습니다. 전에도 그런 일이 많았습니다. 아내는 고양이가 곁에 있어 든든하고 안심이 되어 실컷 울 수 있었고 편히 쉴 수 있었다고 합니다.

고양이가 사람의 미세한 목소리 톤의 변화를 어떻게 느끼고 알아차리는지는 모릅니다. 하지만 고양이는 인간의 상상 이상으로 표정이나 태도, 목소리의 음색을 잘 압니다. 이러한 위안은 고양이 사이에서도 일어납니다. 우리 집의 '코코타로'라는 수고양이는 어린 고양이를 잘 돌봐주는 상냥하고 따뜻한 성격입니다. 가족을 돌보는 모습을 보고 있는 것만으로도 저희는 위안이 됩니다.

스트레스를 해소하기는 어렵습니다. 우리는 매일 어떤 형태로든 스트레스를 받으며 살고 있습니다. 지금까지 살펴보았듯이 스트레스에 대한 대책은 고양이와의 일상생활에서 푸는 방법을 찾는 것입니다. 앞으로 고양이와의 생활이 스트레스 대처법이라는 인식이 널리 퍼진다면 멋진 일이겠지요.

고양이 '애정 호르몬'은 '스트레스 호르몬'을 억제한다.

'활기의 함정'에 빠지지 않으려면

일반적으로 활기찬 것은 좋다고 생각합니다. 하지만 지나치게 기분이 좋은 것도 생각해 봐야 합니다. 왜냐하면 그 반동으로 침울해지거나 자신과 주변 사람들에게 상처를 주기 때문입니다.

활기가 있을 때는 도파민의 영향을 받는 경우가 많습니다. 도파민은 앞에서 거론한 세로토닌과 같은 3대 신경 전달 물질 중 하나입니다. '쾌감 호르몬'이라고도 하는데, 컨디션을 높여 주고 집중력이나 의욕을 끌어올려 줍니다.

도파민은 해방감이나 고양된 느낌을 가져다줍니다. 알기 쉽게 말하면 이른바 '흥분 상태'일 때 분비되는 물질입니다. 보다 나아지고자 하는 욕구가 높아지므로 목표 달성을 위해 적극적으로 활용하는 사람도 있어, 그에 대한 노하우를 쓴 책도 있습니다.

하지만 과도하게 계속 분비되다 보면 더욱더 큰 쾌락을 원하여 점점 기준치가 높아집니다. 의욕에 맞춰 목표를 정하는 것은 좋지만 강박적으로 하면 자신에게 상처를 입힙니다.

제가 이 원고를 쓰고 있을 때, 리우 올림픽이 한창이었습니다. 훌륭한 성적을 남겼지만 "금메달을 따지 못해 죄송합니다."라며 고개를 숙이는 선수가 많았습니다. 물론 선수들이 가진 높은 도전 정신과 스스로에게 엄격한 자세는 칭찬할 만합니다. 하지만 컨디션과 집중력, 의욕을 높이겠다는 생각만으로 '기준이 도가 넘었다'는 점을 간과하고 더 큰 자극을 위해 도파민의 함정에 빠지는 것은 애석

한 일입니다.

이처럼 자기 혼자에게만 향해 있다면 그나마 나은 편입니다. 그 요구가 자신의 주변 사람들에게까지 높아지는 경우도 있습니다. 심해지면 '주변 사람들 때문에 짜증나 죽을 거 같다'라는 말을 하기도 합니다. 그리하여 주변 사람들과 싸움도 잦고 어울리기도 힘들어져, 결국 사람들이 당신 곁을 떠나갑니다. 부하는 "저 사람 따라가기 힘들다."라고 생각하고, 상사는 "나는 애써 잘해 주었는데 왜 몰라줄까?"라고 해 생각의 차이가 벌어집니다. 그 이유 중 하나가 도파민 과다분비입니다. 게다가 잘못하면 목적 달성을 위해서는 수단과 방법을 가리지 않는 인격으로 바뀌는 경우도 있습니다. "전에는 저런 사람이 아니었는데 달라졌다."라고 한다면, 도파민이 영향을 주었을 확률이 높습니다.

고양이는 이러한 '활기의 함정'에 빠지지 않도록 큰 역할을 합니다. 고양이와 같이 지내면서 자연스럽게 분비되는 뇌내 호르몬인 세로토닌이 도파민의 과다 분비를 억제해서 균형을 잡아 주기 때문입니다. 세로토닌 그 자체로도 마음을 차분하게 만들어 주는 작용을 합니다.

뭔가에 몹시 몰두했거나 주변 사람들을 보는 것만으로도 짜증이 날 때는 일단 마음을 진정하고 고양이를 바라보는 시간을 가져 보세요. 이것만으로도 자신이나 주변 사람들이 편안해지고 의사 소통이 소통이 원활해집니다.

다음 올림픽은 도쿄에서 열립니다. 훈련을 하며 하루하루 정진하는 선수들의 노력이 보답을 받도록, 그리고 업무에 애쓰고 있는 당신이 높은 실력을 발휘할 수 있도록, 고양이와의 생활을 진지하게 검토해 보시기 바랍니다.

 고양이는 쾌감 호르몬의 함정에 빠지지 않게 지켜 준다.

'행복감'을 얻고 싶다면 고양이를 바라보세요

전 국민 건강 붐 시대입니다. 텔레비전을 켜면 매일같이 건강에 관한 좋은 정보가 쏟아집니다. 건강에 관한 책은 남녀노소 가리지 않고 판매되고, 베스트셀러도 많습니다.

근육 트레이닝이나 마라톤에 열심인 사람도 늘고 있습니다. 신체에 좋은 영향을 주고 '달리고 있을 때나 달리고 나서의 정신적인 성취감'이 매력적이라고 얘기하는 사람이 많습니다. 기본적으로 근육 트레이닝과 마라톤은 힘든 운동입니다. 하지만 그 고통을 이겨 내면 쾌락과 행복감이 기다립니다.

그 포인트는 '뇌 속 마약'이라 불리는 베타 엔도르핀이라는 뇌내 물질입니다. 예를 들면 마라톤은 고통스러운 상태를 어떻게든 버텨서 일정 시간이 지나면 고통이 가시고 오히려 기분이 좋아집니다. '러너스 하이 Runner's High'라 불리는 이 상태는 베타 엔도르핀의 작용으로 일어납니다.

동시에 이 뇌 속 물질은 강한 행복감을 불러옵니다. 고통을 넘기면 쾌락과 행복감이 기다리고 있습니다. 이런 장점이 있어 힘든 운동이지만 좋아하는 사람이 늘고 있습니다.

물론 근육 트레이닝을 계속하여 몸짱이 되거나 마라톤을 완주하는 일도 멋지지만, 실은 훨씬 쉽게 베타 엔도르핀을 분비시킬 수 있는 방법이 있습니다. 그것은 고양이를 보고 "귀엽다!"라고 생각하는 것입니다. 단지 그 뿐입니다. 당신의 뇌는 고양이에게 관심을 기울이고 애정을 느낌으로써 베타 엔도르핀을 분비합니다. 근육 트레이닝이나 마라톤과는 비교도 안 될 만큼 간단하지요.

요즘 고양이 사진집이 잘 팔리고, 고양이 전용 동영상 사이트가 만들어지기도 합니다. 이는 베타 엔도르핀의 효과를 실감한 사람이 늘어났다는 증거입니다. 물론 그러한 방식도 훌륭한 효과가 있지만, 역시 실제로 존재하는 고양이의 생생한 현실감에는 비할 바가 아닙니다. 행복감을 얻고 싶다면 고양이를 바라보는 것이 그 지름길입니다.

 고양이를 귀엽다고 생각만 해도 베타 엔도르핀이 분비된다.

중독을 고치는 고양이의 힘

　도박이나 담배는 무조건 끊어야 한다는 건 누구나 알고 있지만 도저히 참지 못하는 사람이 많습니다. 이처럼 알기 쉬운 예를 들지 않더라도 '온종일 스마트폰을 붙잡고 있는' 의존 증세도 있습니다. 언제나 뭔가의 '중독'은 우리 가까이에 있고 어느 시대에나 늘 존재하는 문제입니다.

　예를 들면 출판된 지 30년이 지난 영국의 금연 운동가 알렌 카Allen Carr의 저서인 『금연 테라피』는 지금도 세계 각국에서 팔리고 있으며 누적 판매량 1천만 부를 돌파했다고 합니다.

　왜 이렇게 많은 사람들이 고민하면서도 중독을 끊지 못할까요? 여기서도 원인으로 떠오르는 것이 베타 엔도르핀입니다. 중독은 이 호르몬의 분비로 인해 끊지 못합니다. '뇌 속 마약'이라 불리는 것만 봐도 알 수 있듯이 베타 엔도르핀의 진정 작용은 모르핀보다 무려 7배나 높습니다. 이 물질은 안 좋은 일이 있을 때도 일시적으로 잊게 해줍니다. 게다가 행복감까지 가져다주니 의지만으로 중독을 끊지 못하는 건 당연합니다.

　참고로, 도박이나 담배만이 아니라 섹스나 식도락 중에도 '뇌 속 마약'이 분비됩니다. 모두 중독되기 쉬운 것들입니다.

　이러한 중독을 고치려면 무조건 막기보다는 대체할 방법을 찾는 일이 더 중요합니다. 무엇으로 대체하면 좋을까요? 이 경우에도 '고양이'로 대체하는 것을 추천합니다. 이른바 쾌락으로 쾌락을 이겨 내자는 뜻입니다.

앞에서 '고양이를 귀엽다고 생각만 하면' 베타 엔도르핀이 분비된다고 설명했는데 이를 이용합시다. 다만 중독을 고치려면 분비를 좀 더 늘릴 필요가 있습니다.

결론부터 말하자면, '조합'이 그 해결책입니다. 고양이가 주는 다양한 위안 효과를 조합하여 '기분 좋은' 상태로 만들어서 중독에 대항하는 것입니다.

구체적으로는, '고양이 곁에서 편히 쉬며 귀엽다고 생각하며 재

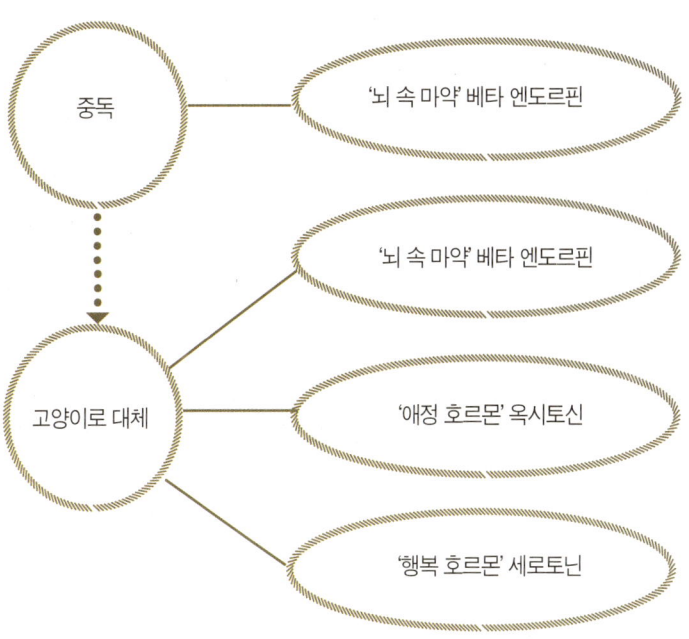

미있게 놀아 줍니다. 그리고 쓰다듬어 주고 고양이가 피곤하면 스킨십을 해주며 같이 잡니다.' 이것이 가장 적합한 답입니다. 이 과정에서 '뇌 속 마약'인 베타 엔도르핀만이 아니라 '애정 호르몬' 세로토닌이나 '행복 호르몬' 옥시토신까지 분비됩니다.

조합이라는 표현을 사용했지만, 고양이와 같이 사는 사람에게는 일상적인 모습일 따름입니다. 평범한 일상이 합리적인 위안이 되어 줍니다.

사정이 있어 집에서 고양이와 함께 살 수 없는 경우라도 자연스럽게 고양이와 교류할 기회가 있다면 '고양이가 주는 위안의 복합 효과'를 얻을 수 있습니다. 가능하면 집에서 여러 마리의 고양이와 같이 사는 방식이 가장 좋지만 고양이 카페 같은 곳에서도 같은 효과를 얻을 수 있습니다.

일전에 인기 있는 고양이 카페에 갔다가 그곳에서 인상적인 장면을 목격했습니다. 고양이 카페의 단골 손님의 몸 위로 가게 고양이들의 절반 정도가 올라가 있었습니다. 고양이가 올라갈 데를 더 만들어 주기 위해 거의 누워있는 자세를 유지하고 있었습니다. 그에게서 편안함보다는 기량을 닦는 운동 같다는 느낌이 들었는데, 그 사람에 뇌에서는 틀림없이 '위안의 복합 효과'가 있었을 것입니다.

결국 고양이에게 빠져야 한다는 이야기입니다. 금연 테라피가 아니고 '고양이 테라피'로 중독에서 벗어날 계기를 만들어 보십시오.

> **한 줄 요약** 고양이는 '뇌 속 마약', '애정 호르몬', '행복 호르몬'을 동시에 늘려 준다.

고양이의 힘을 빌리면 감정을 제어할 수 있다

고양이와 함께 살면 몸과 마음이 안정된다는 것을 확인했습니다. 하지만 그러한 수동적인 효과만이 아니라 고양이의 힘을 빌리면 적극적으로 감정을 제어할 수 있습니다.

『당신 속에 숨어 있는 부정적인 마음을 해소시키는 책』의 저자이자 심리학 박사인 야마구치 마미는 이 저서에 이렇게 언급했습니다.

'자신의 감정에 휘둘리는 사람은 감정이 아닌 사고에 휘둘리는 것입니다. 감정에는 반드시 그 근거가 되는 사고가 있기 때문입니다.'

요컨대 어떤 상황이든 감정과는 상관이 없고 당신이 어떻게 생각하고 해석하는지에 달렸다는 뜻입니다. 그리고 야마구치 마미에 따르면 인간은 하루에 대략 6만여 가지를 사고하는데, 자기 스스로에게 말을 거는 뇌 속의 대화를 말합니다. 그것이 매일매일 사람의 감정을 만들어 냅니다. 그리고 그 내용의 95%가 전날과 똑같다고 합니다. 이런 구조이므로 계속 부정적인 생각을 하고 있으면 계속 부정적인 마음이 지속됩니다.

그렇다면 구체적으로 어떻게 해야 할까요? '좋은 감정을 갖게 하는 사고'로 바꾸면 됩니다. 물론 고양이에 대해 생각합시다. 고양이를 좋아하는 사람은 고양이를 생각하면 반드시 마음이 따뜻해집니다. 그러니 무슨 일이 있을 때마다 걱정거리나 부정적인 생각을 하는 대신 고양이를 떠올립시다.

무슨 일이 있을 때마다 고양이를 생각하면 하루 중 대부분의 시

간을 따뜻한 감정으로 지낼 수 있습니다. 사람은 하루에 6만 가지나 사고를 하므로 그 절반만 고양이를 생각한다면, 반드시 마음이 안정됩니다.

최근의 고양이 붐은 인간이 '위안'을 바라기 때문이기도 합니다. 집 밖에서 고양이의 동영상을 보는 것도 유행하고 있습니다. 고양이에 관한 정보를 접하는 것만으로도 고양이를 생각하게 되어 마음이 안정됩니다. 고양이를 본 후에도 한동안 고양이가 떠올라 좋은 감정이 지속됩니다. 이 또한 고양이의 위안 효과라 할 수 있습니다.

 고양이를 생각하는 것만으로도 마음의 안정을 얻을 수 있다.

고양이는 당신의 생활을 활동적으로 만든다

별 생각 없이 불규칙한 생활을 계속하는 사람도 많습니다. 생활 리듬을 쉽게 생각해서는 안 됩니다. 식사나 수면 리듬이 무너지면 건강에 직접적인 영향을 미칩니다. 식욕이 없어지고 면역력이 줄고 피부도 나빠지며, 머리카락이 빠지는 것과도 관련이 있습니다. 또 다음날까지 피로가 풀리지 않아 의욕이 생기지 않고 소극적인 기분으로 바뀌는 경우도 있습니다. 고양이와 살면 의식하지 않고도 위에서 언급한 악영향을 피할 수 있습니다.

고양이가 당신의 생활을 더욱 활발하게 만들어 준다면 놀라시겠지요? 만약 개라면 산책을 나가거나 목욕을 시키는 등 돌봐야 하는 시간이 많아서 활력이 생긴다고 생각하기 쉽습니다. 하지만 고양이도 개와 마찬가지로 당신의 생활에 활력을 불어넣어 줍니다.

캐나다 구엘프 대학의 파민더 레이나 Parminder Raina 교수가 고령자 100명을 대상으로 일상생활 활동도를 조사해 보니, 개와 같이 사는 사람이나 고양이와 같이 사는 사람이나 똑같이 활동도가 높다는 의외의 결과가 나와서 놀랐다고 합니다.

고양이는 같이 사는 사람에게 뭔가를 자주 '요구'해 오고, 기르는 사람은 이것저것 알아서 해주어야 할 것 같아 자연스럽게 몸을 움직이게 됩니다. 제가 고양이들에게 먹이를 줄 때, 여러 종류를 준비하여 차례차례 먹이 그릇에 섞어 담아 주며 고양이들의 표정을 살피면서 만족하게 해주려고 했던 그 행동도 이를 뒷받침합니다. 그때 저는 머리를 최대한 굴려 손끝을 재빠르게 효율적으로 움직이고 있었습니다. 제가 그렇게 한 행동은 통계에 근거했던 것입니다.

또한 기본적으로 고양이와 인간이 놀 때, 둘 다 운동량이 같습니다. 고양이는 개와 달리 장난감을 쫓아다니지만 가져오지 않을 때가 많습니다. 사람이 직접 주워 와서 던져 주어야 합니다. 결국 이를 반복하다 보면 운동량이 많아집니다.

이처럼 고양이는 당신의 일상생활을 활성화시키고 활기와 리듬을 가져다줍니다. 이는 마음의 컨디션과 정신을 건강한 상태로 유지하는 데 도움을 줍니다.

 한 줄 요약 고양이는 생활에 활기를 주고 마음을 건강하게 유지시켜 준다.

스트레스 사회에서 행복하게 살기 위한 방법

 인간은 고통에 약한 생물입니다. 마음에 아픔이 있으면 인생을 즐길 수 없고 행복도 느끼지 못합니다. 우선 고통을 없애야만 마음에 여유가 생겨 긍정적인 생각을 갖게 됩니다. 그것이 일반적인 사람의 마음입니다.

 미국의 심리학자 에이브러햄 매슬로우Abraham Harold Maslow는 「욕구 단계설」에서 인간의 욕구는 다섯 단계로 나누어져 있으며 순서대로 채우지 못하면 다음 단계의 의욕이 생기지 않는다고 합니다.

- 생리적 욕구 … 식사를 하고 싶다, 푹 자고 싶다 등
- 안전의 욕구 … 위협받지 않고 몸과 마음 모두 안심하며 살고 싶다
- 사회적 욕구 … 고독을 느끼고 싶지 않다, 자신이 있을 곳을 원한다
- 인정의 욕구 … 타인에게 더욱 인정받고 싶다
- 자아실현의 욕구 … 자신의 능력을 발휘하여 성취감을 얻고 싶다.

 여기에서, 행복감은 자연스러운 흐름에서만 생긴다는 것을 알 수 있습니다. 인간은 먼저 고통을 제거하고 나서야 서서히 긍정적이고 수준 높은 욕구가 생깁니다. 해고당할 위험에 놓인 사람은 가족들이 길거리에 나앉지 않을까 괴로워합니다(안전의 욕구). 그런 경우 자신만이 할 수 있는 일로 보람을 느끼고 싶다(자아실현의 욕구)고 생각하는 사람은 아무도 없습니다. 인간은 먼저 고통이 사라져야만 행복

을 느끼는 존재이기 때문입니다. 바로 여기에 현대인이 '고양이'에게 주목해야 할 이유가 있습니다. 왜냐하면 지금까지 보았듯이 고양이와 살면 당신이 가진 스트레스나 고민, 몸과 마음의 고통이 줄어들기 때문입니다. 게다가 돈도 시간도 노력도 거의 들지 않습니다.

현대 사회는 안타깝게도 고통, 스트레스, 고민으로 가득 차 있습니다. 저는 출판업계에 종사하는 사람이라서 잘 팔리는 책 제목을 보면 많은 사람들이 무엇에 대해 고민하는지 느껴집니다. 그리고 시대를 막론하고 항상 인기 있고 많이 출판되는 책은 '마음의 고통을 제거해 주는' 내용입니다.

예를 들면 인간관계를 다루는 책이 잘 팔린다면, 직장에서도 집에서도 스트레스가 많아 마음을 쉬지 못하는 사람이 많다는 의미입니다. 그러니 인간관계는 항상 인기 있는 주제이겠지요. 기쁨의 근원인 인간관계가 대부분의 경우, 고통의 근원으로 바뀝니다.

고통을 없애야 행복을 느끼지만 그렇지 못한 환경에 놓여 있습니다. 거기에 우리 현대인의 불행이 있으며, 그와 더불어 이를 치유해 주는 고양이의 역할도 중요합니다.

이 장에서는 고양이가 당신의 몸과 마음에 위안을 주는 '고양이 계발' 효과를 구체적으로 소개했습니다. 이것으로 안정의 욕구는 어느 정도 채울 수 있을 것입니다. 다음 장에서는 고양이가 더욱 긍정적인 영향을 소개하겠습니다.

 행복의 계단을 오르기 위해 우선 고양이에게 위안을 받자.

2
고양이와 살면 '자신다움'을 되찾을 수 있다

자신답게 사는 방법을 고양이에게 배우자

　다른 동물과 고양이의 큰 차이를 알고 있습니까? '고양이는 가축이 아니라'는 점입니다. 가축의 정의는 '인간이 이용하기 위해 번식시켜 사육하는 동물'입니다. 소·말·개·닭 등은 노동을 시키거나 알을 낳게 하는 등 인간이 이용합니다. 하지만 고양이는 아무것도 생산하지 않고 노동도 하지 않습니다. 쥐에게서 곡물을 지키기 위해 이용된 시기도 있었지만 지금은 그런 역할도 없습니다. 흔하다 보니 동물원에서 찾아볼 수도 없습니다.

　별로 쓸모도 없고 멋대로 살 뿐인데 인간과 고양이는 1만 년 동안이나 좋은 관계가 이어지고 있습니다. 이런 동물은 고양이를 제외하면 없습니다. 누구도 따르지 않고 자유롭게 제멋대로 살아가는데 어째서 인간에게 사랑받으며 관계를 유지할까요?

　고양이가 사는 법에는 자신답게 살아가는데 도움이 되는 힌트가 숨어 있습니다.

　사람은 누구나 대인관계나 사회생활을 잘하고 싶어 합니다. 한편 자기 자신도 소중하게 여기며 자유롭게 살고 싶어 합니다. 이 장에서는 자신답게 사는 욕구를 실현해 온 고양이의 삶의 방식에서 배워, 당신이 얻을 수 있는 '고양이 계발' 효과를 살펴봅시다.

고양이의 목숨을 건 보답에 미국 전체가 놀라다

고양이는 '냉담'하다고 생각하는 사람이 적지 않습니다. '개는 사람에 붙고, 고양이는 집에 붙는다'라는 말도 있습니다. 고양이는 사람을 좋아해서가 아니라 밥을 주는 장소에 있을 뿐이라는 뜻입니다. 별 생각 없이 이러한 이미지를 받아들인 사람도 많을 것입니다.

하지만 사실 고양이는 아주 정이 많습니다. 미국의 ABC 방송 뉴스에서 방영되어 유튜브에서 300만 번 넘게 재생 횟수를 기록한 동영상이 있습니다.

'Cat Saves Little Boy From Being Attacked by Neighbor's Dog's'
https://goo.gl/8OB9kB (YouTube 동영상 링크)

집 앞에서 개에게서 공격받은 소년을 고양이가 구하는 모습이 처음부터 끝까지 CCTV에 찍은 영상입니다. 고양이가 자기보다 덩치가 큰 개에게 목숨을 걸고 몸을 내던져 세게 부딪칩니다. 그리고 달아나는 개를 뒤쫓아 멀리 달아났다는 걸 확인하고는 곧바로 소년을 지키러 돌아오는 모습이 찍혀 있습니다. 이 동영상을 보면 고양이의 두터운 정과 용기가 전해져 옵니다.

그런데 텔레비전에서 뉴스로 다룰 만큼 이 동영상을 드문 일이라고 생각했나 봅니다. 이 동영상을 보고 고양이가 이런 식으로 인간을 지켜 주는 모습을 처음 보았다는 사람이 많았다고 합니다.

하지만 열 몇 마리의 고양이를 키워 본 저는 그 고양이의 행동이 별로 낯설지 않았습니다. 왜냐하면 고양이도 인간과 마찬가지로 다양한 성격을 가졌다는 것을 알기 때문입니다. 그중에서도 '가족은 내가 지킨다!'라는 책임감이 강한 대장 기질이 있는 고양이라고 생각되었습니다.

우리 집에는 '코코타로'라는 백색과 흑색 털을 가진 수컷 고양이가 있습니다. 이 아이가 바로 책임감 강한 대장 스타일입니다. 보통 수컷 고양이는 다른 고양이를 돌보지 않습니다. 더구나 혈연 관계도 아니고 나이 차도 많은 새끼 고양이를 돌보는 경우는 없습니다.

하지만 코코타로는 다릅니다. 새끼 고양이를 그루밍<small>고양이 스스로 털을 핥거나 쓰다듬는 행위. 또는 다른 고양이나 기르는 사람이 털 정리를 해주거나 쓰다듬어 주는 것.</small> 해주기도 하고 잠을 잘 때도 함께 잡니다. 같이 놀아 주기도 하고 밥을 먹을 때 끼어들어도 양보해 줍니다. 굉장히 잘 돌봐줘서 코코타로가 온 이후에 들어온 세 마리의 보호 고양이들은 모두 코코타로를 어미 고양이라고 여깁니다. 그 탓에 저희가 심심할 때도 있습니다.

이 코코타로라면 틀림없이 고양이 가족을 지키기 위해 목숨 걸고 싸울 것입니다.

다른 고양이를 지키기 위해 싸우지는 않더라도 새끼 고양이가 형제를 지키는 모습은 봐 왔습니다. 저는 이미 그런 상황을 여러 번 접했으므로 ABC 뉴스의 그 동영상을 봤을 때 놀랍지 않았습니다.

인간과 마찬가지로 고양이도 반드시 누군가를 지키지는 않습니다. 결국 신뢰 관계가 중요합니다. 진정으로 지키고 싶은 소중한 상대가 아니라면 고양이도 자기 몸을 바쳐 싸우지는 않습니다. 그 점도 인간과 똑같습니다.

고양이와 인간 간에 이처럼 위급할 때 서로를 지켜 주는 신뢰 관계를 쌓는다면 더할 나위 없는 기쁨이겠지요.

 고양이는 알려진 것과 달리 의리와 정이 두텁다.

고양이는 당신을 더욱 애정 깊은 사람으로 만든다

고양이의 사진을 보고 있으면 마음이 놓입니다. 그리고 고양이와 함께 살다 보면 자신이 전보다 애정이 깊어졌음을 느낍니다.

이런 경험을 해본 사람이 많을 것입니다. 그 이유를 어렴풋이 알고 있어도 정확하게 아는 사람은 많지 않습니다.

그 구조를 이해하고 있으면, 고양이와의 생활을 보다 의도적으로 자신을 향상시키는 데 활용할 수 있습니다. 또한 주변에 고양이의 훌륭한 점을 쉽게 전할 수 있습니다. 고양이를 좋아하는 분이라면 이 지식은 꼭 알아두었으면 합니다.

왜 고양이와 지내면 애정이 두터워지는 걸까요? 그 이유는 고양이에 대한 애정을 '동기'로 삼아 행동하기 때문입니다. 여기서 중요한 것은 무엇을 했는지가 아닙니다. 그 배경에 있는 동기가 중요합니다. 겉보기에는 같은 일이라도 동기가 다르면 당신에게 미치는 영향은 달라집니다. 애정을 동기로 행동할 경우에는 애정이 강화되고 두려움을 동기로 행동할 경우에는 두려움이 강화됩니다.

이를 '자기 창조의 원칙'이라고 합니다. 이 법칙을 주장한 사람은 미국의 임상심리학자 조지 웨인버그George Weinberg입니다. 그는 저서에 이렇게 썼습니다.

"사람은 행동할 때마다 그 행동의 배경에 숨어 있는 동기인 감정, 자세, 신념을 강화한다"(『자기 창조의 원칙』). 간단하지만 매우 의미 있는 말입니다.

고양이와 함께 사는 사람은 단순히 '고양이가 좋아서' 같이 살고 있습니다. 그리고 길고양이를 귀여워하는 사람도 그저 '고양이가 좋아서' 귀여워합니다. 거기에 어떤 계산이 들어 있지 않습니다. 이 점이 매우 중요합니다. 애정이 동기라서 애정이 더욱 두터운 인간으로 바뀔 수 있습니다.

만약 당신이 누군가에게 미움 받는 것이 두려워 고양이를 위해 어떤 행동을 한다면 안 하는 것이 좋습니다. 점점 더 그 '누군가'에게 미움을 받고 싶지 않은 마음이 커질 뿐입니다. 이런 경우는 별로 없겠지만 예를 들어 고양이를 좋아하는 상사의 비위를 맞추기 위해 고양이를 키우려는 것과 마찬가지입니다. 이런 행동을 하게 되면 고양이를 돌볼 때마다 처음 가졌던 동기가 강화됩니다. 더더욱 사람에게 미움을 받는 것이 두렵고, 아부를 해서라도 인정을 받고 싶은 마음까지 강화됩니다.

올바른 동기를 가지고 행동하는 것이 중요합니다. 하던 얘기로 돌아가겠습니다. 자기 창조의 원칙에 따르면 당신이 고양이를 위해 뭔가를 하면 할수록 당신의 애정도 깊어집니다. 아울러 고양이가 전보다 더욱 소중하게 느껴집니다. 그럴 경우, 더더욱 고양이를 위해 행

동하게 됩니다. 이른바 '당신을 애정 깊은 사람으로 만들어 주는 연쇄 작용'이 일어납니다. 그리고 고양이의 경우, '뭔가를 해준다'는 행동을 좋은 의미에서 강제적이고 지속적으로 합니다. 이 점이 다른 동물들과 다릅니다. 개는 거부당하면 포기해 버리고, 아이의 경우도 철이 들면 무조건적으로 요구하지 않습니다.

하지만 고양이는 다릅니다. 당신이 아무리 바빠 보여도 '지금은 관둘까?'라고 생각하지 않습니다. 포기하지 않고 끝까지 요구를 해 옵니다. 그 이유는 고양이는 혼자 사냥하는 동물이라 무리로 어울려 다닐 필요가 없으니 복종이나 타협이라는 사회성이 발달하지 않았기 때문입니다.

일이 끝나고 피곤한 몸을 이끌고 현관문을 열면 바로 앞에 고양이가 기다리고 있습니다. 그러면 한숨 돌릴 겨를도 없이 "늦었잖아요!"라며 화를 냅니다. 조금 피곤하더라도 "미안해, 미안해."라고 말하며 고양이들이 그만할 때까지 계속 이야기를 합니다.

그리고서 먹이를 달라고 재촉하면, 각각 고양이의 취향에 맞춰 몇 종류를 조합하여(7마리나 있어서) 밥을 담아 줍니다. 다 먹고 나면 또 놀아 달라고 조릅니다. 이렇게 매일매일 반강제적으로 많은 행동을 하게 됩니다.

저는 단순히 고양이가 좋아서 고양이와 함께 삽니다. 무척 평범해 보이지만 아주 멋진 일입니다.

 고양이를 위해 무언가를 하면 할수록 당신의 애정은 깊어진다.

새끼 고양이에게 배운 진정한 독립심

예전에 제가 고양이와 함께 살기 시작한 지 얼마 안 되었을 때의 이야기입니다.

'치치'라는 이름의 갈색과 하얀색 무늬를 가진 새끼 고양이를 보호했습니다. 어미 고양이와 떼어 놓아서인지 제대로 먹지 못해 몹시 야위어 있었습니다. 얼마나 배가 고팠으면 입안에 모래까지 들어 있었습니다.

우리 집에는 먼저 온 고양이가 있었지만 맞아들이기로 했습니다. 젖병으로 우유를 먹여 주고 장난감으로 놀아 주고 화장실도 깨끗이 청소해 주었습니다. 쾌적한 환경 덕분인지 치치도 만족스러워 하는 것 같았습니다.

그러던 어느 날, 치치가 창호지를 찢고 밖을 내다보고 있는 것을 발견했습니다. 저는 나름의 상식대로 '이놈아!'라며 가볍게 야단을 치며 창호지에서 떼어 놓으려 했습니다. 그랬더니 '그르렁!'하고 이빨을 드러내며 저를 향해 위협적인 자세를 취했습니다.

생존을 주인에게 의존하는 힘없는 존재임에도 이런 자존심을 가지고 있다니 놀라웠습니다. 그리고 감탄했습니다.

회사원에 비유하자면, 평사원이 창밖을 내다보고 있는데 사장이 주의를 주었을 때, "지금 이 시간은 나한테는 소중해요!"라고 당당하게 주장하는 것과 같습니다.

고양이는 사회를 형성하지 않고 혼자서 사냥하며 스스로의 힘으

로 살아 갑니다. 오로지 자신의 힘으로 살아가기 때문에 이러한 자존감을 가졌습니다. 자신을 소중히 여기는 점에 있어서는 고양이만큼 뛰어난 동물은 없습니다. 아무리 대담하고 자신을 소중하게 여기는 사람이라도 평범한 새끼 고양이를 당해 내지 못합니다.

고양이를 통해서 우리는 단순한 지식이 아닌 경험과 감정의 영역에 걸친 많은 것들을 배울 수 있습니다.

전혀 힘이 없는 새끼 고양이의 연약함과 강한 자존심과의 대비. 자신의 생존에 필요한 많은 것들을 당신에게 의존하면서도 절대 타협하지 않겠다는 자세. 이러한 고양이를 직접 보면서 얻은 배움은 당신 안에 깊이 새겨집니다.

당신이 힘든 결단을 내려야 할 때, 두려움에 뒷걸음질 칠 때, 그러한 기억은 당신에게 용기를 북돋아 줄 것입니다. "저 어린 고양이처럼 나도 힘을 내야지."라며 자기 자신을 격려하게 될 것입니다.

참고로 이 책을 쓰고 있는 지금, 치치는 16세입니다.

사람의 나이로 치면 여든 살에 가까운 고령입니다.

많은 나이에도 변함없이 자기주장이 무척 강합니다. 쓰다듬지 않으면 화를 내고, 잠잘 자리가 없으면 으르렁대고, 밥이 마음에 들지 않으면 먹지 않습니다. 새끼 고양이 시절부터 지금까지 일관되고 흔들림 없는 모습에 지금도 늘 감탄하곤 합니다.

 고양이에게서 얻은 배움은 당신 안에 깊이 새겨진다.

자신을 속이면서까지 호감을 얻으려고 하지 마라

자존감이 없으면 다른 사람의 나에 대한 평가에 대해 예민해집니다. 좋은 평가를 받고 싶거나 호감을 얻고 싶을 때는 무리를 하거나 허세를 부려서라도 충족하려 합니다.

하지만 안타깝게도 그 노력은 엉뚱한 결과를 초래합니다. 자신을 크게 보여 주려고 하면 할수록 오히려 자신감을 잃는 악순환이 일어납니다.

왜냐하면 그 행동으로 인해 '있는 그대로의 자신으로는 좋은 평가를 받을 수 없다, 호감을 얻을 수 없다'라는 피해 의식을 강화시키기 때문입니다. 배경에 있는 동기는 항상 강화됩니다. 이는 앞에서 설명한 '자기 창조의 원칙'입니다.

세상에는 존경을 받으며 자기 분야에서 매우 높은 평가를 받고 있어도 우울증에 걸리거나 때로는 자살하는 사람이 있습니다. 이 역시 스스로를 크게 드러내려다 자존감을 잃어버렸기 때문입니다.

최근에는 손쉽게 SNS 등으로 자신의 꾸민 겉모습을 보여 줄 수 있습니다. 하지만 그만큼 쉽게 자존감을 잃을 위험성도 있습니다. 꾸미지 않은 자신을 도저히 보여 줄 수 없다고 생각하기 전에 더욱더 많은 사람들에게 관심을 기울이고 자신의 행동을 돌아봐야겠지요.

인간은 이런 경각심이 필요하지만 고양이는 옛날이나 지금이나 이런 문제와는 전혀 관계가 없습니다. 인간의 사랑을 받기 위해 신경을 써서 우울증에 걸린 고양이는 1만 년의 역사에서 단 한 마리도

없었습니다. 물론 기가 센 고양이와 기가 약한 고양이는 있습니다. 그러나 아무리 소심한 고양이라도 절대 자신을 속이면서까지 사랑을 받으러 하지는 않습니다.

참고로, 우리 집에서 제일 소심한 고양이는 '마츠치요'라는 갈색 줄무늬를 가진 아이입니다. 일곱 마리 중에서 비교적 연장자임에도 복도에서 자기보다 어린 고양이에게 쫓겨 도망가는 모습을 가끔 봅니다. 그런 마츠치요조차도 제 앞에서는 확실하게 자기주장을 합니다. 지나치게 쓰다듬으면 가볍게 손을 물어 경고합니다. 그런데도 멈추지 않으면 발로 차기도 합니다. 놀아 주지 않으면 큰소리로 불만을 터트리기도 합니다.

고양이는 항상 있는 그대로 행동합니다. 미움을 받든 말든 전혀 신경 쓰지 않지만 그렇다고 미움을 받지도 않습니다. 이것은 당신도 고양이처럼 있는 그대로 행동해도 괜찮다는 증거입니다.

그렇게 행동해야 한다는 건 알고 있지만 우리는 무의식적으로 남의 비위를 맞추려고 합니다. 하지만 매일 고양이의 행동들을 접하게 되면 그러한 무의식의 영역도 바뀌게 됩니다.

곁에 있는 고양이의 행동을 직접 보면서 당신의 마음도 서서히 강해집니다. '자신을 속이지 않고 순수하게 느끼는 그대로 표현해도 세상은 나를 용서해 준다'라는 메시지를 당신의 잠재의식 속으로 반복해서 보내기 때문입니다.

지금까지는 남의 부탁을 잘 거절하지 못한 사람들도 "NO!"라고 대답할 수 있게 됩니다. 무조건 참아 왔던 타인의 말과 행동도 "불쾌하니까 하지 마!"라고 말할 수 있게 됩니다. 그래도 상대가 멈추지 않으면 당신 스스로 거리를 둘 수 있게 됩니다.

사실 저도 예전에는 타인의 평가에 몹시 신경 썼습니다. 그러다 보니 매사를 주변 사람에게 맞춰 주는 편이었습니다.

하지만 고양이와 살면서 바뀌었습니다. 거절하거나 즉시 물러나거나 해서 쓸데없는 스트레스도 줄였습니다. 그만큼 진정으로 마음에 맞는 사람들이 주변에 늘어나서 에너지를 긍정적인 곳에 쓸 수 있게 되었습니다. 그렇게 일과 생활의 좋은 환경이 차츰 바뀌었습니다.

생각해 보면 회사 생활을 그만두고 사업을 시작한 이유도 이러한 좋은 선택을 반복한 결과였습니다. 고양이가 미친 영향이 얼마나 큰지 새삼 깨닫고 있습니다.

'고양이 같은 성격'이란 표현이 있습니다. 칭찬의 말은 아니지만 정작 고양이는 신경 쓰지 않습니다. 누가 어떻게 생각하든 그건 그 사람의 생각이고 나는 나입니다.

모든 고양이는 니토베 이나조 일본 근대기에 활동했던 사상가, 작가가 좋아하던 '보는 사람의 마음에 맡겨 놓은 높은 산봉우리에 뜬 맑은 가을밤의 달'이라는 와카 일본의 전통 정형시처럼 그러한 경지에 올라 있음을 부러워하며 저도 그렇게 되고 싶은 마음입니다.

 있는 그대로 살아도 괜찮다고 고양이는 알려 준다.

자랑하고 싶은 병에 효과 있는 약

앞에서 남에게 자신을 잘 보이려고 할수록 오히려 자신감을 잃는다고 했습니다. 왜냐하면 그러한 행동으로 인해 그 배경에 있는 '있는 그대로의 자신은 평가받지 못하고 사랑받지 못한다'라는 동기가 강해지기 때문입니다. 이 말을 경험상 이해하는 사람도 있을 것입니다. 그래서 자기 자랑을 많이 하는 사람은 다른 사람에게 '저처럼 자랑하는 이유는 자신이 없어서겠지'라며 속내를 간파당하는 경우가 많습니다. 자랑은 궁극적으로 자신감도 잃게 하고 타인의 자신에 대한 평가도 낮게 합니다. 자랑은 백해무익입니다.

하지만 누구나 자신의 장점을 자랑하고 싶을 때도 있고, 자신이 잘하는 분야로 대화를 이끌어 가서 이야기를 무심코 '과장'한 적도 있을 것입니다. 그럴 때는 어떻게 하면 좋을까요?

그럴 때는 고양이의 '외유내강外柔內剛'을 생각하면 좋습니다. 겉은 부드럽고 내면은 강한 것을 말합니다.

고양이라 하면 연상되는 말이 '귀엽다·부드럽다·따뜻하다'라는 이미지가 강합니다. 새끼 고양이의 술래잡기나 고양이 펀치, 몸싸움할 때 나오는 고양이 발차기 등을 보면 저절로 웃음이 나옵니다.

하지만 그들은 타고난 사냥꾼입니다. 새끼 고양이의 놀이는 모두 모의 전투입니다. 이 같은 놀이도 '사냥감을 쫓고, 발톱으로 타격을 주고, 달라붙어 마지막 일격을 가하는 훈련'입니다.

그리고 고양이는 배변 훈련이 필요 없어서 편하다는 말을 자주 들

습니다. 아장아장 걷는 새끼 고양이조차도 누가 가르치지도 않았지만 스스로 화장실에 구덩이를 파고 자신의 변을 묻습니다. 저도 처음에는 "참 똑똑하구나."라고 별 생각 없이 기뻐하며 새끼 고양이를 칭찬했습니다.

하지만 그 행동은 냄새를 지우려는 의도로 주변에 자신의 존재를 알리지 않기 위한 사냥꾼으로서의 습성입니다. 경쟁자나 사냥감으로부터 자신의 존재를 숨겨 몰래 다가가기 위한 준비입니다.

그리고 고양이는 인간에 비해 몸집이 작아 그다지 강해 보이지 않지만 일단 싸우기 시작하면 보통 사람이 이기기 힘듭니다. 극진가라테를 창시한 오야마 마스타츠가 "인간은 일본도를 들어야 비로소 고양이와 대등하게 싸울 수 있다."라고 말했을 정도입니다.

동물원에 갔을 때 사자나 호랑이의 몸 구조가 우리 집 고양이와 똑같다는 생각이 들었습니다. 눈에 익은 고양이의 귀여운 발톱이나 이빨이 바로 동물의 왕이 가진 무기와 똑같다니. 동물원에 다녀온 날은 우리 고양이에게 밥을 더 많이 주었습니다.

고양이는 실로 외유내강의 동물입니다. 강하지만 전혀 과시하지 않을 뿐더러 오히려 부드럽고 따뜻한 인상을 줍니다. 고양이는 그 점에서 성공했습니다. 인간으로 바꿔 생각하면 '능력 있는 매는 발톱을 숨긴다'라는 말을 실천하는 부드럽고 인자한 인물일 것입니다. 분명 그런 사람은 인격자이며 존경할 만한 인물이지요. 그렇게 스스로를 반성하다 보면 자랑하고 싶은 마음이 사라질 것입니다.

 능력 있는 고양이도 손톱을 숨긴다.

거절해도 미움받지 않는 균형 감각

일본인은 '분위기를 읽는다'라는 표현을 자주 사용합니다. 의사소통이 원활해진다는 장점도 있으나 단점도 있습니다. 필요 이상으로 분위기를 읽어서 자신을 억누른다는 점입니다. 사실은 폐를 끼치는 일이지만 상대방의 기분을 생각해서 거절을 못할 때도 있습니다.

상하 관계나 조직에 얽혀 있다는 점에서 어느 정도는 이해합니다. 그러나 참고 견디다 보면 만성 스트레스에 시달리게 됩니다. 이런 상태는 될 수 있으면 피하는 것이 좋습니다. 그렇다면 어떻게 해야 균형을 잘 잡을 수 있을까요?

그러한 문제의 해결에는 '어서티브니스assertiveness'적인 사고방식이 있습니다. '참지 않고, 강요하지 않고, 상대방도 자신도 존중하는 의사소통 방식'입니다. 이는 비즈니스 서적이나 의사소통 관련 서적에 많이 소개되어 있습니다. 주어에 '저는'을 붙여서 자기주장을 하거나 상대방이 듣지 않아도 같은 주장을 반복하거나 상대방이 이야기를 흘려 넘기는 식입니다. 다만 일종의 기술이라서 반복하여 연습할 필요가 있습니다. 지금까지 해온 익숙한 소통 스타일을 갑자기 바꾸기 어려운 분도 있고, 또한 갑자기 자기주장을 밝힌다면 주위와 마찰이 생길지도 모릅니다.

그래서 저는 고양이에게서 어서티브니스를 배우기를 권합니다. 고양이는 자기주장을 잘 하여 관계를 유지하는 달인입니다. 태어난 지 얼마 안 되는 푹신푹신한 털뭉치 같은 새끼 고양이라도 그 균형

감각이 뛰어납니다.

새끼 고양이가 응석을 부리려고 "야옹!" 하고 울며 당신에게 다가온다고 가정합시다. 쓰다듬어 주면 흡족한 표정을 지을 것입니다. 만족하면 고양이는 "그만하면 됐어."라며 미련 없이 등을 돌립니다. 그런데도 계속 쓰다듬으려고 하면 화를 내듯 손을 가볍게 무는 경우도 드물지 않습니다. 고양이는 "쓰다듬어 달라고 부탁한 쪽은 나니까, 만져도 조금 참을까?"라며 참지 않습니다. 이를테면 인간과는 달리 정신적인 피로감을 만들지 않습니다.

깔끔하게 받아 넘기기도 잘합니다.

고양이를 귀여워서 예뻐해 주려고 다가가면 쓰윽하고 팔 사이를 빠져나갈 때도 더러 있습니다. 그런데도 나쁜 인상이 전혀 없습니다. 이는 모두 어서티브니스가 요구하는 요소입니다. 고양이는 매일 곁에서 그 행동을 되풀이하며 모범을 보여 줍니다.

고양이와 살면 상대방도 자신도 존중할 수 있게 된다.

고양이는 최고의 자기주장 선생님

당신은 자신을 위해 남에게 무언가 강력하게 요구할 수 있습니까? 일본인은 일반적으로 잘 못하는 편입니다. 일본의 문화 중 하나인 겸양의 미덕이나 겸손과 깊이 관련되어 있기 때문입니다.

하지만 세계로 눈을 돌리면 그것은 미덕이 아니라 나약함이라고 여기는 경우도 많습니다. 순식간에 클릭 한 번으로 지구 반대편의 사람들과도 의사소통이 가능한 지금, 손해를 보거나 오해받거나 혹은 나쁜 평가를 받지 않으려면 어떻게 해야 할까요?

이때도 고양이의 강한 자기주장은 모범이 됩니다. 단독으로 사냥하는 동물인 고양이는 자기 스스로가 움직이지 않으면 이 세상은 아무것도 주지 않는다는 사실을 알고 있습니다. 그래서 아무리 소심한 고양이라도 스스로 움직이고 요구합니다. 고양이와 함께 살다 보면 그러한 고양이의 자기주장을 직접 볼 수 있습니다.

우리 집에는 '기지타로'라는 온순한 성격을 가진 고양이가 있습니다. 평소에는 매우 느긋해서 약간 모자란 것이 아닐까 걱정할 정도이지만, 음식 앞에서는 성격이 바뀝니다. 보호하기 시작한 생후 1개월 무렵부터 몇 년이 지난 지금까지 하루에 몇 번이나 밥을 달라고 보챕니다.

매번 집요하게 따라오면서 밥을 달라고 제 발밑에서 떼를 씁니다. 다른 고양이가 밥을 재촉할 때에도 따라다니며 눈을 반짝입니다. 그럴 때면 표정에 빈틈이 없습니다. 이 고양이가 떼를 쓸 때 내는 울음소리는 매우 귀엽습니다. 자신의 매력을 확실하게 알고 그것을 충분히 활용하고 있다는 것을 알 수 있습니다. 그럴 때마다 밥을 주고 싶어집니다. 그런 연유로 이 고양이에게 저칼로리 식사는 필수입니다.

평소에는 느긋한 성격이지만, 원하는 것을 얻을 때까지 포기하지 않는 자기주장과 이용 가능한 모든 기회를 활용합니다. 평소에는 겸

손할지라도 자기주장을 해야 할 때는 확실히 하라고 인간에게 가르쳐 주는 듯합니다.

자기주장으로 사람을 움직이면 당신의 평판도 올라갑니다. 당신이 고양이처럼 자기주장을 하면 할수록 상대방은 당신을 중요한 인물이라고 생각하게 됩니다.

왜냐하면 '사람은 어떤 일을 해준 상대를 이전보다 높이 평가한다'라는 심리 작용이 있기 때문입니다. 이는 인지부조화認知不調和라는 인간의 심리에서 기인합니다. 인간에게는 자신의 믿음, 태도, 행동 등에 있어 일관성을 유지하기 위해 특정 행동에 대한 믿음이나 태도를 합리화하려는 심리가 있습니다. 그래서 당신이 상대방에게 뭔가를 해주면, 상대방은 당신에게 그만한 가치가 있다고 믿으려고 합니다. 물론 이 인지부조화는 당신이 반대 입장이 되더라도 일어나기 때문에 인상이 조작되지 않도록 조심해야 합니다.

하지만 자기주장이 강하고 매력적인 존재인 고양이와 살다 보면 심리 조작에 대한 내성이 자연스럽게 몸에 익습니다.

고양이가 끈덕지게 굴 때면 '자기주장을 공부할 수 있는 기회를 줘서 고맙다', '네 덕분에 나를 봉사하게 만들려는 사람에 대한 내성을 몸에 익혔다'라고 느낀다면 잘된 일입니다. 이제 당신은 어디에서도 당당하게 자기주장을 할 수 있는 사람으로 바뀌어 있을 테니까요.

 고양이식 자기주장을 하면 주의의 평가도 높아진다.

'대장 고양이'와 '회사 리더'의 공통점은?

고양이는 강한 자존심의 소유자입니다. 그중에서도 특히 자존심이 강한 녀석은 흔히 말하는 '대장 고양이'입니다. 동네의 길고양이 중에서도 우두머리와 같은 존재가 있어 자신의 영역을 제 세상인 양 돌아다니는 모습을 본 적이 있을 것입니다.

싸움꾼의 기질과 강하다는 점이 대장 고양이를 더욱 대장답게 만듭니다. 여기에는 '남성 호르몬'의 대명사로 알려진 테스토스테론이 연관되어 있습니다. 고양이도 인간도 똑같이 테스토스테론이 분비됩니다. 신체적으로는 근육을 늘려 주고 지방을 줄여 줍니다. 정신적으로는 의욕을 촉진시키고 투쟁 본능을 높이는 것도 인간과 똑같습니다. 그 밖에도 고통에 더욱 강해지고 더욱 쾌락을 원하는 등, 대장 고양이의 중심적인 요소는 바로 테스토스테론임을 알 수 있습니다.

인간도 마찬가집니다. 과거에 경영자와 근육 트레이닝의 관계를 쓴 책이 베스트셀러에 오른 적이 있습니다. 사업에서 높은 수완을 발휘하는 경영자나 비즈니스맨 중에는 몸에 강한 부하를 주는 힘든 운동을 하는 습관을 가진 사람이 적지 않습니다. 힘든 운동을 하면 테스토스테론이 분비되기 때문입니다. 기업 경영도 일종의 투쟁이며 스트레스와의 싸움입니다. 그러므로 '고통에 강해지고 의욕이 솟는' 테스토스테론의 효과가 필요합니다. 무언가와 싸워야 할 때 고양이도 사람도 같은 호르몬의 영향을 받는다는 사실이 재미있습니다. 그렇게 생각해 보면, 대장 고양이처럼 강한 자존심을 원하고, 투쟁심이 강한 경영자와 같이 강한 정신력을 원하는 사람이라면 힘든 운동을 해서 테스토스테론을 분비시켜야 한다는 이야기입니다.

그렇게까지는 하지 않더라도 몸을 움직이면 기분이 상쾌해지는 경험은 누구라도 해보았을 것입니다. 그리고 옛날부터 '건강한 몸에 건전한 정신이 깃든다'고 했습니다. 그런 의미에서도 적당한 운동 습관은 몸에 좋습니다.

최근에는 '비즈니스맨에 특화된 건강서'가 유행한 후에 하나의 장르로 정착된 것도 수긍이 갑니다. 몸과 마음은 따로 있지 않습니다. 뇌도 신체의 일부입니다. 수준 높은 비즈니스 수완을 발휘하기 위해서 좋은 컨디션은 기본입니다.

여담이지만, 안타깝게도 인간이 아무리 맹훈련을 하더라도 고양이가 본래 가지고 있는 강력한 신체 능력을 절대로 따라잡지 못합니다.

고양이의 신체 능력은 달리기 최고속도가 시속 50km, 100m 달리기로 환산하면 7초대의 속도입니다. 수직으로 약 2m 높이를 뛸 수 있는데, 이는 체고의 5배 정도 높이입니다. 고양이는 인간이 느낄 수 있는 밝기의 6분의 1 정도의 어둠 속에서도 볼 수 있고, 귀는 인간이 듣지 못하는 높은 주파수의 소리를 듣고 구별할 수 있습니다. 균형 감각도 좋아서 어떤 자세로 떨어지더라도 완벽하게 착지합니다.

고양이의 강한 자존심은 강한 신체 능력에서 왔다고 생각합니다.

 고양이도 인간도 건강한 몸에 건강한 정신이 깃든다.

고양이는 당신의 숨은 인격을 이끌어 낸다

회사와 집에서도 무서운 사람이지만 고양이를 보기만 하면 싱글벙글하며 상냥한 얼굴로 바뀌는 주인공이 나오는 영화가 있습니다. 이 경우, 고양이가 주인공을 다른 성격으로 바꿔 놓았다면 이해할 수 있습니다. 저도 일할 때는 인상이 딱딱하지만 고양이와 어울리면 전혀 다른 성격으로 바뀝니다. 고양이는 사람의 성격을 '바꾸어 놓는' 효과가 있다고 생각합니다.

인간은 생활 속의 다양한 상황에서 인격을 바꾸며 살고 있습니다. 예를 들면 회사에서 힘들게 일하는 당신과 집에서 편히 쉬는 당신은 다른 인격입니다. 또한 당신이 2개 국어를 구사하는 사람이라면 일본어로 말할 때와 영어로 말할 때는 다른 인격입니다.

다마 대학 다사카 히로시 교수에 따르면 사람은 본래 다중인격이라고 합니다. 인간은 인격을 전환하면서 정신적 균형을 유지하며 살고 있습니다. 그러므로 인격 전환이 정체되면 문제가 일어납니다.

예를 들면 집에 돌아가서도 회사에서의 인격으로 가족을 대할 때가 있습니다. 그럴 경우, 가족 관계에 문제가 생기고 무엇보다 본인에게 좋지 않습니다. 하나의 인격만으로 회사와 가정에서 지내면 근육이 뭉치듯이 마음이 굳어집니다. 앞에서 소개한 영화는 바로 이런 문제를 가진 주인공이 고양이 덕분에 치유된다는 줄거리였습니다.

저는 직업상 인터넷에 올라오는 서적 리뷰를 읽는 일이 많습니다. 종종 지나치게 공격적인 댓글을 다는 사람을 봅니다. 이러한 사람

은 평소 억압된 생활을 하는 얌전한 성격일 확률이 높습니다. 인터넷 특유의 익명성에서 나온 행동이라기보다는 무의식적으로 마음의 균형을 잡으려는 평소 성격의 반동이라 생각합니다. 이렇게 마음이 굳어 있을 때에 고양이와 지내기를 추천합니다.

어렵게 생각하지 않아도 됩니다. 긍정적인 애정은 바로 느껴집니다. 고양이가 귀엽다는 것은 금방 알 수 있습니다. 그러므로 쉽게 표현할 수 있습니다. 이렇듯 고양이를 귀여워하면 인간은 항상 애정 깊은 자신을 느낄 수 있습니다.

집 밖의 인격과 집 안의 인격을 바꿀 수 있다면 안정적인 정신을 유지할 수 있습니다. 결과적으로 자신을 수용하고 주변 사람들과 잘 어울릴 수 있게 됩니다. '고양이를 좋아하는 사람 중에 나쁜 사람은 없다'라는 말은 그런 의미에서 적합한 표현이라고 생각합니다.

참고로 앞서 말한 영화의 주연 배우는 촬영이 끝나고 나서 같이 연기한 고양이를 데려가 실제 가족으로 살고 있다고 합니다. 고양이의 매력은 허구가 아닌 사실입니다. 그 점이 강하게 느껴지는 이야기입니다.

> **한 줄 요약** 고양이를 예뻐하는 인격까지 두 개의 인격으로 균형을 유지하자.

고양이는 부부 관계를 사이좋게 만들어 준다

흔히 '연애 유통기간은 3년'이라고 합니다. 사실 뜨겁게 불타는 관계가 10년 동안 계속 유지되는 경우는 흔치 않습니다. 오히려 3년이 지나면 사랑이 식었다거나 헤어졌다는 이야기는 허다합니다.

이는 뇌의 구조에 관계된 근거 있는 이야기입니다. 사람이 사랑에 빠지는 이유는 흔히 연애 호르몬이라고 불리는 신경 전달 물질인 페닐에틸아민이 작용하기 때문입니다.

사랑에 빠지면 뇌 속에 페닐에틸아민이 만들어집니다. 이 호르몬은 흥분, 행복감, 설렘을 가져다주는 도파민의 분비를 촉진합니다. 그리고 왜 연애의 유통 기한이 3년인가 하면 페닐에틸아민이 분비되는 기간이 길어 봤자 3년이기 때문입니다.

그러한 뇌 구조를 알았든 그렇지 않았든 간에 결혼 생활에는 반드시 권태기가 찾아옵니다. 일본에 사는 부부의 이혼율은 세 커플당 한 쌍입니다. 권태기가 시작되면 먼저 대화가 적어지고 서서히 호감이 줄어듭니다. 사고방식의 차이가 아니꼽게 느껴지다가 혐오감으로 바뀌고 심한 경우에는 이혼이라는 악순환에 빠지고 맙니다.

고양이와의 생활은 이런 면에서도 매우 효과적인 예방책입니다. 고양이와 함께 살면 공통의 화제가 생기고 소통할 기회가 늘며, 상대방의 고양이에 대한 애정 어린 모습을 자주 접하기 때문입니다.

고양이와 살면 자연스레 부부간의 공통 화제가 많아집니다. 고양이의 밥에 대해, 고양이의 건강에 대해, 고양이가 저지른 장난질에 대해, 부부간의 대화는 아침이든 밤이든, 집에서든 밖에서든 시간과 장소를 가리지 않고 이어집니다. 그러므로 고양이와 함께 사는 부부는 대화가 풍부합니다.

무엇보다도 '고양이에 대한 관심과 애정의 공유'라는 점에서 부부간의 대화는 자연스럽게 고양이 이야기로 흘러갑니다. 즉, 파트너의 애정 어린 모습을 자주 보고 듣고 느끼게 됩니다. 게다가 인간은 접촉 기회가 많아지면 상대방에 대한 호감도가 높아진다는 심리학적 효과가 빛을 발합니다.

이러한 시간과 감정의 공유를 함께 쌓아 올림으로서 일시적인 뇌 속 호르몬 효과가 아닌 상대방에 대한 존경과 신뢰의 감정이 자라납니다. 그것이 안정적이고 애정 깊은 부부 관계로 변화합니다.

아내의 친구 중에 "최근에 대화가 별로 없어요."라고 말하는 부부가 있습니다. 부부 사이는 나쁘지 않았지만 함께 살던 고양이가 죽고 난 후로 대화가 별로 없어졌다고 합니다. 고양이는 부부 사이의 소통에서 중요한 존재였습니다. 그 후에 우리 집에서 보호하고 있던 고양이 두 마리를 입양하더니 부부 간 소통이 다시 활발해졌습니다. 게다가 고양이와 함께 더 좋은 생활을 하려고 단독주택을 구입했고, 고양이와 외출할 때 필요할지 모른다며 차까지 사는 모습이 놀라웠습니다. 고양이를 맡긴 지 불과 몇 달 사이의 일입니다. 이 사례야말로 고양이가 부부의 인생에 새로운 활력을 가져다준 좋은 사례 중 하나입니다.

옛날부터 '자식은 부부 사이의 걸쇠'라는 말이 있듯이 사람의 아이는 고양이와 같이 좋은 영향을 미칩니다. 하지만 육아는 정신적·경

제적으로 부담이 큽니다. 그 스트레스 때문에 부부 관계에 금이 가는 경우도 있습니다.

고양이는 그런 부담이 매우 적습니다. 교육비라는 큰 부담에 쩔쩔맬 일도 없고 다른 부모들과의 관계를 고민할 필요도 없습니다. 개와는 달리 산책시켜 줄 필요도 없습니다. 단지 밥을 하루에 몇 번 밥그릇에 넣어 주고 하루에 한 번 화장실 청소를 해주면 됩니다.

이런 식으로 표현하면 논란의 여지가 있지만 고양이와의 생활은 압도적으로 '비용 대비 효과'가 좋습니다. 물론, 육아를 하며 고양이와 함께 살 수도 있습니다. 둘 다 양립하는 것도 추천해 드립니다.

안정된 부부 관계를 만들고 더 좋은 인연을 만들기 위해 고양이와 함께 사는 것은 가치가 있다고 생각합니다.

'고양이'와 자식은 부부 사이의 걸쇠

아이에 대한 고양이의 좋은 영향과 나쁜 영향

아이가 동물과 같이 지내면 지적·정서적으로 좋은 영향을 받습니다.

미국 캔자스 주립대학 로버트 폴레스키 교수의 연구로 유아의 지적 발달에 고양이가 좋은 영향을 준다는 사실이 증명되었습니다. 동물을 기르는 가정의 아이는 인지력이나 사회성의 발달이 빨랐다고 합니다. 그 후로 이어진 다른 연구에서 유년기의 인지력 발달뿐만 아니라 지능 지수의 향상에도 도움이 된다고 확인되었습니다. 또한 아이가 건전한 자기 이미지를 갖는 데도 도움을 줍니다. 주위 사람들에게 받아들여지고 인정을 받는다는 긍정적인 메시지를 동물이 아이에게 알려 주기 때문입니다.

게다가 동물을 길러 본 경험이 있는 아이는 다른 사람의 마음을 헤아리고 배려하는 능력이 높다는 데이터도 있습니다. 과거 일본과 호주에서 이루어진 조사 결과에 따르면 동물과 친하게 지내는 아이일수록 주위 사람을 배려하며 리더십을 발휘했다고 합니다.

그밖에도 동물의 생사를 통해 생명의 소중함을 배우거나, 동물을 돌봄으로서 책임감도 기르는 좋은 영향을 기대할 수 있습니다.

아이와 동물과의 생활은 좋은 일만 가득해 보이지만 고양이에게 초점을 맞추면 안타깝게도 부정적인 이미지도 있습니다. '임산부 건강에 악영향을 끼쳐 장애를 가진 아이가 태어날지도 모른다'는 이야기입니다.

이 부분에서는 아이와 고양이를 위해서 정보를 정확히 파악해 봅시다. 문제가 되는 것은 톡소플라스마 *Toxoplasma*라는 원충입니다. 보통 땅속이나 생고기, 그리고 돼지, 새, 고양이 등의 대변 속에 서식합니다. 사람이 임신 중에 처음으로 감염되면 낮은 확률이지만 태아의 뇌 발육에 악영향을 미칠 가능성이 있다고 합니다. 이 부분만 보면 앞으로 태어날 아이를 생각해 불안감에 휩싸이는 사람도 있을 것입니다.

결론부터 말하자면 이런 위협은 현실적으로 거의 없다고 봐도 무방합니다.

먼저 톡소플라스마는 이미 세계 인구의 3분의 1이 감염되었다고 추정됩니다. 몇십억의 사람들이 자기도 모르는 사이에 감염되었다가 자연적으로 치유됩니다. 톡소플라스마 감염은 자각 증상이 나타나지 않는 경우가 많습니다. 증상이 나타나더라도 대부분 미열이 나거나 피로감을 느끼는 정도이며 한 달 안으로 치유됩니다.

태어날 아이를 위해 예방 차원에서 임신 중에 '첫 감염'을 시도하는 산모도 있지만 원하는 대로 이뤄지지 않습니다. 산부인과에서 검사하면 과거에 감염된 적이 있는지 알아볼 수 있습니다. 만약 과거에 한 번이라도 감염된 적이 있다면 항체가 생겨 뱃속의 아이도 감염되지 않습니다.

많은 사람들이 톡소플라스마 감염 경험이 있는 것은 모든 육류가 감염원이기 때문입니다. 거의 모든 포유류나 조류는 톡소플라스마에 감염될 가능성이 있습니다. 따라서 덜 익은 고기를 먹은 적이 있는 사람은 감염될 확률이 높습니다. 모르는 사이에 감염되어 모르는 사이에 치유된 것입니다.

또 고양이를 통해 톡소플라스마에 감염될 가능성을 구체적으로 예상해 봅시다.

'톡소플라스마에 처음으로 감염되고 몇 주 지나지 않은 고양이의 대변을 청소를 하지 않고 며칠간 방치했다고 합시다. 이때 대변이 임신 중인 사람의 입에 들어갔을 경우, 톡소플라스마가 들어 있을 가능성은 1%입니다.'

이런 상황이 자신에게 일어났는지 아닌지 관심을 갖지 않으면 감염이 되었다 해도 모르고 지나갑니다.

바꿔 말하면, 고양이가 감염된 지 한 달 이상 지났으면 위험하지 않습니다. 고양이의 대변은 매일 화장실을 청소하면 남아 있을 리 없습니다. 그리고 당신이 화장실을 청소하고 나서 손을 씻지 않고 입에 넣거나 음식을 그 손으로 먹지 않는 한, 톡소플라스마가 들어 있는 고양이 대변에 접촉할 일은 없습니다. 위의 두 가지 조건에 들어가지 않는다면 문제없습니다.

그래도 신경이 쓰이면 임산부는 고양이 화장실을 청소하지 말고 가족이나 남편에게 맡기면 됩니다. 어쩔 수 없이 임산부가 청소해야 하는 경우, 일회용 마스크와 장갑을 사용하면 완벽합니다.

어떻습니까? 가장 큰 문제는 바로 '무지'입니다. 사람은 알지 못하는 것을 경계하고 필요 이상으로 과잉 반응 합니다. 정확한 사실을 알고 스스로 생각해서 판단합시다. 고양이가 아이에게 미치는 확실한 좋은 영향과 불확실한 악영향에 대해 도움이 되었기를 바랍니다.

> **한 줄 요약** 아이가 고양이와 함께하면 지적·정서적으로 좋은 영향을 받는다.

고양이처럼 싸우며 강하고 다정한 사람이 되라

길고양이는 자주 영역 다툼을 합니다. 고양이가 싸우는 소리를 많이 들어보았을 것입니다. 그래서 평소에 고양이와 교류가 없었던 사람은, 이런 이미지가 강해 고양이는 호전적이라고 생각할지도 모릅니다.

하지만 집에서 고양이를 여러 마리 키워 보면 알게 되지만, 고양이는 자제심이 강해 잘못된 싸움이나 쓸데없는 싸움을 하지 않는 동물입니다.

우리 집에서는 지금까지 많은 고양이를 길러 왔지만, 절대로 서열이 높은 고양이가 서열이 낮은 고양이에게 싸움을 걸지 않습니다. 오히려 장난꾸러기인 어린 고양이가 서열이 높은 고양이에게 싸움을 걸 때가 많습니다. 서열이 높은 고양이는 상대가 덤비면 맞서 싸우다가도 상대가 물러서면 절대로 더는 달려들지 않습니다. 저는 그 여유롭고 어른스러운 반응에 항상 감탄하곤 합니다.

예를 들면 우리 집의 흑백 수컷 고양이 코코타로는 새끼 고양이가 어리광을 부리며 자주 덤벼들지만 정정당당하게 맞서 압도적인 힘으로 물리칩니다. 관록을 보이며 상대방의 공격을 받아 주고 필요한 만큼만 적절하게 반격합니다. 새끼 고양이가 못 이기겠다며 뒷걸음질 치면 아무리 심하게 싸우다가도 반드시 물러납니다. 이처럼 코코타로는 한창 싸우는 중에도 주의를 둘러보는 여유가 있습니다.

이는 적개심이나 공격성을 컨트롤 할 수 있어서 가능한 일입니다.

그들에게 있어 모든 놀이는 사냥 시뮬레이션입니다. 싸움에 익숙하기 때문에 정신적으로 여유가 있습니다.

인간도 마찬가지라고 생각합니다. 흔히 격투기 하면 호전적이고 야만적이라는 이미지를 떠올리지만 실제로는 반대입니다. 도장이나 체육관에는 보통 자신보다 강한 사람이 많아서 언제나 호전적일 수만은 없습니다. 오히려 인내를 배워야 하고 매 맞는 아픔도 알기에 스스로를 제어할 수 있습니다. 그리하여 이름을 얻었을 때 운동 실력뿐만 아니라 인격자로서 우뚝 선 사람도 적지 않습니다.

이와는 반대로 공격성을 싫어하는 사람이 더 위험하다고 생각합니다. 익숙하지 않은 탓에 적당한 선을 알지 못해 지나치게 공격적으로 변할 가능성이 있습니다. 억압된 공격성이 어떤 계기를 통해 분출되기도 합니다. 평소에는 얌전하다가 차만 타면 성격이 바뀌는 사람이 있는데, 바로 억압된 공격성이 드러나는 현상입니다. 흔히 범죄가 일어나면 텔레비전에서 "그리도 얌전했던 사람이 왜 그런 끔찍한 일을!"이라는 인터뷰를 듣곤 합니다. 공격성을 억압하는 사람은 스스로를 제어할 줄 모르기에 위험합니다.

인간도 동물이라서 누구라도 반드시 공격성을 가졌습니다. 공격성을 억압하지 말고 다른 쪽으로 승화시키거나 앞으로 나아가려는 향상심 등으로 바꾸는 것이 중요합니다.

노벨상을 수상한 동물행동학자인 콘라트 로렌츠Konrad Lorenz는 그의 저서 『솔로몬의 반지』에서 다정해 보이지만 잔인한 비둘기와 흉폭해 보이지만 고상한 늑대 이야기를 썼습니다.

평화적인 이미지에 상냥함의 상징과 같은 비둘기는 동족을 학대

하며 죽입니다. 상대가 숨이 넘어가려고 하면 회복되기를 기다렸다가 다시 공격하여 일부러 오래 고통을 준다고 합니다.

그에 비해 피에 굶주린 맹수의 이미지가 강한 늑대는 동족과의 싸움에서 항복한 상대방이 복종한다는 자세를 보이면 더는 절대로 공격하지 않습니다. 공격성을 제어하는 자제심이 몸에 배어 있기 때문입니다.

잔인한 비둘기와 고상한 늑대. 고양이의 경우는 분명히 후자입니다. 코코타로의 관록을 보면 강한 자일수록 다정해야 한다는 것을 일깨워 줍니다.

당신은 어느 쪽이십니까?

 고양이는 자제심을 갖춘 인격자.

일류인 사람은 왜 고양이와 사는가?

고양이에게 휘둘릴 때 당신에게 일어나는 변화

고양이는 여러 모로 많은 요구를 하는 동물입니다. 매일 당신에게 무엇인가를 조르고 재촉합니다. 고양이와 함께 살면 고양이를 위해 움직이는 시간이 늘어납니다. 밥을 주거나 화장실 청소를 하거나 같이 놀아 주는 등 바삐 움직여야 합니다.

신기하게도 바쁠 때면 더욱 강하게 요구를 합니다. 집에 와서 어서 빨리 편히 쉬고 싶을 때 발밑에서 계속 울며 떨어지지 않거나 컴퓨터로 일을 하고 있으면 키보드 위로 올라와 강제로 일을 중단시키기도 합니다.

재미있게도 처음에는 귀찮게 여겨지지만 고양이와의 생활이 길어질수록 고양이를 위해 쓰는 시간이 차츰 부담스럽지 않게 됩니다. 집 밖에서 당신이 어떤 사람이었든 집에서는 그와 무관하게 행동합니다. 혹시 당신이 이해타산에 밝은 사람이라 하더라도 고양이를 위해 쓰는 시간과 에너지가 아깝지 않게 됩니다.

그리고 얼마 지나지 않아 고양이를 위해 하는 일이 기쁨으로 바뀝니다. 요컨대 '베푸는 것이 당연하다'로 바뀝니다.

이러한 변화는 당신에게 어떤 의미가 있을까요? 이 장에서는 고양이가 주는 '고양이 계발'의 사회적인 효과에 대해 살펴보겠습니다.

'고양이를 홀리는 사람'의 사회심리학

'베푸는 자세'는 실제로 당신의 사회생활에 어떤 영향을 끼칠까요? 결론부터 말하면, '베푸는 사람에게는 반드시 뭔가가 되돌아온다'라는 심리학의 법칙이 적용됩니다. 미국의 사회심리학자 로버트 치알디니 Robert B. Cialdini는 이것을 '상호성'의 법칙이라고 했습니다.

"이 법칙은 남에게 무언가를 받으면 자신도 똑같이 갚을 수 있도록 노력하기를 요구한다. (중략) 이 법칙은 미래의 의무감을 토대로 인간 관계 내부의 지속적인 교류와 교환을 유익한 방향으로 이끌어 낸다." (『영향력의 무기』, 로버트 치알디니 저)

즉, 당신이 터득한 '베푸는 자세'를 주변 사람들에게 발휘했을 때 당신도 머지않아 그 사람들로부터 보답을 받습니다. 그 보답은 미소일 수도 있고 사람을 소개받는 것일 수도 있습니다. 아니면 직접적으로 자신의 상품이나 서비스를 구매해 줄 수도 있습니다.

상호성의 힘은 인간의 사회적인 습성으로 짜여 있어서 우리의 의사와는 상관없이 적용됩니다. 치알디니의 말을 빌리면 '딸깍' 하고 마치 스위치로 움직이는 기계처럼 무조건적으로 재현됩니다. 그런 연유로 상대방을 자신이 원하는 대로 조작할 수도 있으니 악용은 금물입니다.

하지만 고양이를 상대로는 이 법칙을 마구 활용해 봅시다. 고양이에게 잘해 주고 그 보답으로 호감을 얻읍시다.

고양이는 뭐든 자신이 억지로 요구한다는 것을 잘 알고 있습니다. 그런 만큼 인간이 자신을 위해 희생한다는 사실도 압니다. 이는 고양이 나름의 보답이 당신에 대한 호의로 되돌아온다는 것을 말합니다.

만약 당신이 고양이의 사랑을 받는 체질로 바뀌었다면 그것은 이미 '고양이를 홀리는 사람'이라는 상호성의 법칙이 몸에 배었다는 증거입니다.

또한 이 상호성은 단기적인 보답을 기대해선 안 됩니다. 돌고 돌아 언젠가 되돌아온다는 정도로 생각하는 것이 좋습니다. 자칫하면 타산적인 사람이 됩니다.

예로부터 일본에서는 고양이 인형인 '마네키네코'가 손님과 금전운을 부른다는 말이 있습니다. 하지만 저는 그 이유가 '베푸는 자세'와 '상호성'의 작용이라고 생각합니다. 경영자의 마인드가 더해질 때 사원과 우량 고객들이 모여듭니다. 그것이 돌고 돌아 매상으로 돌아옵니다. 경영자의 '베푸는 자세'야말로 그 본질이며, 마네키네코는 그 상징이라 생각합니다. 사람에게 똑같이 사랑을 받았지만 개가 주인공인 '마네키이누'가 없는 것도 이런 이유 아닐까요?

물론 단순히 가게의 간판 역할을 하는 고양이 인형이 맘에 들어 자주 들르는 사람도 있겠지요. 그건 그것대로 멋진 일입니다. 장식품인 마네키네코를 구입해 현관에 두는 것도 좋습니다. 하지만 그것은 그저 상징물일 뿐입니다. 실제로 고양이와 살면서 '베푸는 자세'를 몸에 익혀 '복을 부르는 파워'의 혜택을 누렸으면 합니다.

고양이는 당신에게 실제로 복을 가져다준다.

결국 '고양이를 좋아하는 사람'이 많은 것을 얻는다

'베푸는 사람'이 되면 '받는 사람'도 될 수 있다고 했습니다. 즉, 더욱 돈을 많이 버는 사람이 된다는 뜻입니다.

미국 펜실베니아대학 조직심리학 교수 애덤 그랜트Adam Grant에 따르면 인간은 사회생활에는 '주는 사람Giver, 받는 사람Take, 균형을 잡는 사람Matcher' 등 세 유형이 존재한다고 합니다. 그리고 미래에는 '주는 사람'이 가장 많은 보수가 들어올 가능성이 높다는 연구 결과를 발표하기도 했습니다.

인간 사회는 가치 교환으로 유지됩니다. 기업은 상품이나 서비스를 사회에 제공하여 대가를 받습니다. 사람이 회사에 근무하여 급여를 받는 일도 마찬가지입니다. 사회란 원래 무언가를 주어야 받을 수 있는 구조로 이루어져 있습니다.

과거에는 착취하는 유형의 인간이 이득을 보는 구조였지만 앞으로는 이와는 반대가 될 것입니다. 오늘날의 사회는 인터넷으로 연결되어 있습니다. 악평은 인터넷상에 눈 깜짝할 사이에 확산되어 계속 남습니다. 입소문일지라도 사회 관계망 서비스인 SNS를 통해 무서운 속도로 빠르게 퍼져 나갑니다. 만약 '빼앗기만 하고 주지 않는 인물'이라는 딱지가 붙으면 끝입니다. 함께 일하려는 사람도, 고용해 줄 회사도 없어집니다. 이와는 반대로 '주는 사람'이라는 평가 또한 인터넷이나 입소문, SNS를 통해 퍼져 나가고 계속 남습니다.

'나는 열심히 일하지만 경영자에게 착취당한다'고 생각하는 사람이 있을지도 모릅니다. 하지만 이 또한 당신이 사회에서 펼쳤던 만큼만 그 가치를 보답받는 것입니다. 예를 들면 당신이 영업직에서 더 많은 매출을 올리면 회사는 더욱 높은 보수를 줄 수밖에 없습니다. 그렇지 않다면 더 좋은 조건을 내세우는 다른 회사로 옮기거나 스스로 회사를 세우면 됩니다. 당신이 제공하는 가치가 높으면 회사는 반드시 그에 맞는 보수를 줄 수밖에 없습니다.

여기에는 수요와 공급의 균형이 작용합니다. 만약 당신이 아닌 다른 누군가도 똑같이 제공받는 가치라면 상대적으로 떨어질 수밖에 없습니다. 사회 전체로 봐서 자신의 가치가 상대적으로 얼마나 높은지를 객관적으로 보는 관점이 중요합니다.

'주는 사람'으로서의 입장이 늘어나면 '받는' 일도 늘어납니다. 사회에서 돌아오는 것이 많아집니다. 이것이 고양이를 좋아하는 사람에게도 자연스럽게 일어나는 변화입니다.

 고양이와 살면 많은 것을 주고받는 사람이 되어 간다.

꿈을 이루어 주는 고양이

『꿈을 이루어 주는 코끼리』일본 작가 미즈노 케이야 지음라는 밀리언셀러 서적이 있습니다. 별다른 능력이 없는 주인공에게 어느 날 갑자기 코끼리 모습의 신이 나타납니다. 속는 셈 치고 그의 말을 날마다 악전고투하면서 따랐더니 주인공이 크게 성장한다는 소설 형식의 자기계발서입니다. 재미있고 유익한 책이어서 수많은 사람들이 읽었습니다. 줄거리는 허구지만 '행동을 바꾸려면 가까이에 지도자가 있어야 한다'라는 내용입니다. 이는 맞는 말이며 매우 중요합니다.

머리로는 알아도 실제로 꿈을 이루기가 쉽지 않습니다. 이러한 딜레마는 큽니다. '머리로만 이해하는'의 대표적인 사례가 책입니다. 제가 기획하고 제작한 책을 뒤돌아봐도 마찬가지입니다. 좀 더 독자의 흥미를 끌고 실감나게 할 수 있었는데, 라며 늘 반성을 합니다.

사람은 머리로 하는 것만으로는 충분하지 않습니다. '수긍'하고 마음으로 받아들여야 합니다. 이를 위해서는 현장감을 중요시하고 좋은 영향을 꾸준히 받아들여야 합니다. 그런 의미에서 삶의 힌트를 제시하는 '멘토'가 아주 중요합니다.

멘토란 좋은 지도자, 조언자, 마음의 스승 등을 뜻하는 말입니다. 어떤 분야라도 성공한 사람들은 대부분 그런 사람을 언급하며 감사히 여깁니다. 이를 봐도 멘토가 중요하다는 것을 알 수 있습니다. 비즈니스서나 자기계발서도 멘토의 중요성을 서술한 책이 많습니다.

하지만 보통 주변에서 그런 사람을 찾기란 쉽지 않습니다. 사람은 먹을 가까이 하면 검어지는 존재입니다. 결국 주변 사람의 분위기에 흘러들어 가고 소속된 조직의 색깔로 물들기 십상입니다.

그래서 저는 먼저 고양이를 '자신감을 높이기 위한 멘토'로 삼기를 권합니다. 고양이는 어떤 인간과도 견줄 수 없을 만큼 자립심이 강하며, 매일 곁에서 그 모범을 보여 줍니다. 앞에서도 설명드렸듯이 고양이는 자신을 소중히 여기면서 주위와도 잘 어울리는 삶을 살고

있습니다. 그 덕분에 인간과도 1만 년이 넘는 세월을 함께했습니다. 실수를 했어도, 자신감을 잃었어도 이제는 자기 혐오에 빠질 필요가 없습니다. 당신이 집에 돌아가면 이상적인 삶을 구현하는 귀여운 멘토가 기다리고 있습니다. 당신을 질타 격려(밥 달라고 재촉)하고, 노No라고 해야 할 때(배를 쓰다듬으면 화를 냄)를 가르쳐 줍니다. 때로는 다정하게(기분 내키면) 격려해 주기도 합니다.

더욱 멋진 일은 존경스런 존재인 고양이가 당신을 사모하고 인정해 준다는 점입니다. 이 사실이 당신의 용기를 북돋아 주고 마음을 치유해 주고 강하게 만듭니다. 물론 배우려는 자세가 없으면 아무리 훌륭한 지도자라고 해도 도움을 받을 수 없습니다. 마음을 열고 배우려는 자세가 있어야 주변에 있는 모두가 스승이 됩니다. 그리고 고양이는 확실히 훌륭한 스승입니다. 그야말로 코끼리가 아닌 '꿈을 이루어 주는 고양이'입니다.

 한 줄 요약 **고양이는 이상적인 멘토이다.**

고양이에게 배우는 '게인 효과로스 효과'

인간의 의사 결정은 단순하게 말하자면 '좋다, 싫다'로 정해집니다. 그래서 호감을 받으면 유리하고, 미움을 받으면 부당하게 손해를 볼 수도 있습니다. 그 정도는 누구나 다 알고 있습니다. 서점에는 좋은 인상을 주는 방법, 미움을 받지 않기 위한 노하우라는 책들이 즐비합니다. 그리고 어느 시대라도 이 분야는 베스트셀러의 한 부분을 차지합니다.

좋다, 싫다를 느끼는 뇌 부위는 우리가 아직 인간으로 진화하기 전인 포유류의 시기부터 있었습니다. 하지만 이성을 주관하고 손익을 따지는 뇌 부위는 진화의 최종 단계에 생겨나서 뇌의 가장 바깥쪽에 있습니다. 안쪽에 있는 뇌가 더욱 근원적이며 영향력도 강합니다. 이를 테면 '좋다, 싫다'라는 감정은 판단에 있어 결정적인 영향을 미칩니다.

그런데 고양이는 이기적이고, 고집도 세고, 마음이 내킬 때만 애교를 부리는데도 왜 이렇게 사랑을 받을까요?

실은 고양이의 그 태도 자체가 상대방의 사랑을 받는 데 가장 효과적인 방법입니다. 그 이유는 '게인 효과'로 설명할 수 있습니다. 게인 효과란 처음에는 인상이 좋지 않지만 사소한 일로 좋은 인상을 심어준다는 심리학 용어입니다.

고양이는 애교도 없고 처음부터 그다지 좋은 인상을 주지 않습니다. 하지만 그런 애교 없는 고양이가 어쩌다 한 번 어리광을 부리면 좋은 인상을 강하게 남깁니다. 이것이 게인 효과입니다. 평소 냉담한 만큼 기쁨이 배로 느껴집니다. 고양이가 사람의 마음을 매료시키는 이유 중 하나입니다.

당신도 고양이처럼 행동하면 상대방에게 좋은 인상을 강하게 심어 줄 수 있습니다. 냉담한 태도를 보인 다음에 다정한 모습을 보이고, 일부러 호쾌하게 행동한 다음에 섬세한 모습을 보이는 것입니

다. 비즈니스의 교섭이나 연애에서 밀당을 잘하는 사람은 이 효과를 잘 이용한 셈입니다.

고양이에게 '게인 효과'를 배우면 당신의 호감도가 오르고 인간관계나 비즈니스에 좋은 영향을 줍니다. 그와 동시에 이 노하우를 이용하여 당신을 조종하려는 사람에게서 자신을 지킬 수 있습니다. 고양이가 당신에게 면역을 만들어 주기 때문입니다.

하지만 주의해야 할 점은 '로스 효과'입니다. 좋은 인상을 준 다음에 부정적인 일이 일어나면 처음보다 더욱 나쁜 인상을 심어 주게 됩니다. 처음에는 붙임성도 좋고 친절했는데 점점 나쁜 인상으로 바뀐다면 이는 가장 나쁜 상황입니다. 좋지 않은 인상으로 바뀔 경우, 로스 효과가 발동하여 당신에 대한 평가는 크게 낮아집니다. 그러므로 처음부터 무의식적인 저자세는 주의해야 합니다. 그것은 나쁜 인상의 씨앗을 심어 놓은 것과 마찬가지이기 때문입니다.

고양이가 시큰둥한 태도를 보이면 그때가 바로 배울 기회입니다. 그 후에 오는 기쁨과 노하우를 이제 당신은 확실하게 몸에 익혔을 테니까요.

고양이의 태도에 적응하다 보면 교섭을 잘하게 된다.

자유롭게 살려면 고양이처럼 무기가 필요하다

만약 당신이 아무한테도 의지하지 않고 정신적으로나 경제적으로 완전히 자유로운 상태라면 어떤 사람이 될까요? '어느 환경에서도 나는 괜찮다'라는 자신감이 넘치고, 미래에 대한 불안으로 떨지 않고, 사랑받으려고 애태우지 않고, 인정받으려고 애써 노력하지 않아도 된다면, 누구라도 자신다움을 마음껏 발휘할 수 있지 않을까요? 고양이가 바로 그 경지에 있는 동물입니다.

기본적으로 고양이는 집 안만이 아니라 자연에도 천적이 없습니다. 그러니 뭔가를 두려워할 필요가 없습니다. 길고양이는 자주 도망을 갑니다. 무서워서가 아니라 불필요한 위험을 피할 뿐입니다. 신중함이 용기보다 낫다는 말을 행동으로 옮기는 것입니다.

고양이는 천부적으로 우수한 사냥꾼입니다. 뛰어난 사냥 능력에 매력까지 갖추었으니, 환경에 맞춰 사냥도 하지만 인간에게 밥을 얻는 선택지도 가졌습니다. 정확한 배꼽시계를 지녀 정기적으로 밥을 주는 장소를 찾아가 굶는 일도 없습니다.

이를 테면 고양이는 '나는 어떤 환경이라도 괜찮다'고 생각하며, 실제로도 그렇게 사는 동물입니다. 그들이 그처럼 자유로우면서 강한 태도를 취하는 데는 이유가 있습니다.

여기서 우리는 자유를 뒷받침할 만한 나름의 무기가 있어야 자유롭게 살 수 있다는 것을 배웁니다. '나는 어떤 환경이라도 괜찮다'고 생각하도록 한 가지라도 자신이 기댈 수 있는 '무기'를 연마합시다.

예를 들면 고양이에게는 사냥에 해당하는 능력, 인간 사회로 말하면 '타인을 위해 공헌하면서 그 대가를 받을 수 있는 무엇'입니다. 이를 연마해야만 자유가 있습니다. 그 무기로 회사를 세워도 좋고 조직의 일원으로서 능력을 발휘해도 좋습니다.

아니면 고양이가 가진 매력에 상응하는 소통 능력을 연마해도 좋습니다. 미디어와 남을 기쁘게 하는 능력을 합쳐 사회에 크게 기여할 수 있습니다. 텔레비전에 출연하는 연예인들은 이런 길을 선택한 사람들입니다.

어떤 무기를 연마할지는 사람마다 다릅니다. 그것이 직업이라고 생각합니다. 스스로 선택한 자신만의 능력으로 고양이처럼 유연하게 사는 것입니다.

 자유롭게 살아가기 위해 당신만의 매력을 돋보이게 하자.

고양이처럼 하고 싶은 일을 하라

한 치 앞도 내다볼 수 없는 시대입니다. 회사의 장래성을 중요시했지만 무의미한 경우도 많습니다. 오늘날의 경제 상황은 대기업마저도 안정과는 무관해서 실적이 좋았던 대기업도 불과 몇 년 후에는 어려워지는 상황이 비일비재합니다.

기술을 배운다 해도 불안정하기는 마찬가지입니다. 아무리 변호

사라 할지라도 생활 보호 대상자가 되기도 하는 시대입니다. 공급 과잉으로 경쟁자가 많아지면 고객에게 선택받기도 힘들어집니다. 더구나 장래에는 많은 직업들이 인공 지능으로 대체된다는 말도 나옵니다.

지금 있는 많은 직업들이 사라지고 기업의 위치도 뒤바뀔 것입니다.

그럼 우리는 앞으로 사회 경력을 어떻게 쌓아야 할까요?

저는 '고양이처럼 일해야 한다'고 생각합니다. 고양이는 주변의 평가가 어떻든 개의치 않고 자신의 흥미와 관심에 따라 행동합니다. 여기에 경력 형성에 대한 진리가 있습니다.

하고 싶은 일을 한다는 것은 당신의 능력을 이끌어 내 주기 때문입니다. 집중하는 시간이 늘고 정보를 소홀히 다루지 않으면 자연스럽게 창의적인 생각을 하게 됩니다. 그럴 경우, 능력도 오르고 결과도 따라옵니다. 물론 보수도 많아집니다.

시대의 변화에도 유연하게 대응할 수 있습니다. 앞으로는 일하는 기간도 늘어납니다. 40년 일하면 은퇴한다는 개념은 이미 무너졌습니다. 한 회사를 선택해서 뼈를 묻는다는 개념도 점차 희박해져 가고 있습니다.

그런 점에서 좋아하는 일을 직업으로 삼는 사람에게는 잇달아 새로운 흥밋거리가 생깁니다. 그것이 다음으로 이어져 더욱 성장하고 더욱 큰 가치를 제공합니다. 그리고 새로운 직업으로 나아가는 지름길로 이어집니다.

'무슨 일이든 좋아해야 능숙해지는 법이다'라는 말이 이렇게나 일

에 관한 설명으로써 부합되는 시대도 없습니다.

안정된 직업이다, 급여가 높다, 남에게 잘 보이고 싶다는 이유로 불확실하고 불투명한 이 시대에 좋아하지도 않는 일을 선택한다는 것은 비합리적입니다.

그 안정과 급여는 일시적일 가능성이 크며, 게다가 일에 흥미를 갖지 못할 경우, 앞에서 설명한 좋은 흐름과는 반대의 상황이 일어납니다.

무엇보다 일을 통해 정신적인 만족을 얻을 수 없습니다. 높은 보수와 사람의 만족감이 비례하지 않는다는 연구 결과도 있습니다. 이름만 대면 누구나 아는 대기업에 다닌다 해도 매일 마주치는 동료에게 그러한 자신의 속마음을 드러낼 수 없는 노릇입니다.

자신이 '하고 싶은 일'을 최우선으로 생각하여 직업을 선택한다는 것은 보람과 만족감뿐 아니라, 자신에 대한 주변의 평가를 높이고 보수도 높이면서 오랫동안 활약할 수 있는 선택입니다.

고양이가 자연스럽게 하는 행동은 그 자체로 변화하는 시대의 합리적인 직업 선택 이론입니다.

부디 고양이를 본 따서 하고 싶은 일을 하며 충실한 직장 생활을 하시기 바랍니다.

 고양이처럼 하고 싶은 일을 하는 게 합리적인 경력 쌓기 전략이다.

고양이는 당신을 '평가받는 사람'으로 만든다

앞에서 설명했듯이 고양이는 직설적으로 요구를 합니다. 그런 고양이에 맞추다 보면 당신은 자연스럽게 자신이 아닌 남을 먼저 생각하고 행동합니다. 매일 그렇게 되어 갑니다.

여기서도 '자기 창조의 원칙'이 작용합니다. 고양이를 위한 행동 하나하나가 '남을 위하는 행동은 가치가 있다'라는 생각을 강화시킵니다. 자연스레 자신보다 남을 먼저 생각하는 사고방식이 몸에 배게 됩니다.

이는 당신이 인생의 방향을 바꾸는 데 중요한 역할을 합니다. 남을 생각하는 사람은 남을 위해 공헌하는 일에 관심을 가집니다. 그리고 이를 실현하기 위한 능력을 연마해서 행동으로 옮깁니다. 그것이 직업 선택과 일하는 방식에 큰 영향을 미칩니다. 감사하다는 말을 듣고 성취감을 느끼며 충실하게 일하는 사람들의 특징입니다.

이렇게 생활하다 보면 사회에서 좋은 평가를 받는 사람으로 바뀝니다. 사람은 혼자서는 아무것도 할 수 없습니다. 그래서 사회를 만들고 서로 위하며 더불어 살고 있는 것입니다. 사회에서는 남에게 헌신하면 그 공로를 인정받습니다.

사회적으로 높은 평가를 받는 사람의 공통점은 바로 눈앞에 보이는 능력의 차이가 아니라 이러한 '동기'에 차이에 있습니다. '신념'의 차이라고 할 수도 있습니다. 위대한 경영자나 지도자들은 예외 없이 자신을 위해서가 아니라 남을 위해 그리고 사회를 위하는 신념이 있습니다. 마쓰시타 고노스케_{마쓰시다 전기·통신 회사를 설립한 일본 실업가}는 "세상을 위해, 사람을 위해, 나아가서 나를 위해 이로운 일을 하면 반드시 성공한다."라는 말을 남겼고, 앞에서 예로 든 교세라 창립자 이나모리 가즈오 회장은 "세상을 위해, 남을 위해 헌신하는 일이야말로 인간으로서 최고의 행위이다."라고 했습니다.

그들이 가진 마음의 크기와 어조는 다르더라도 방향은 같습니다. 고양이는 그 경지에 오르는 첫걸음을 내딛게 해주는 존재라 할 수 있습니다.

 고양이를 위한 행동은 인생의 방향을 바꾸게 한다.

'희소성'이란 함정에서 나를 지키는 법

고양이는 명령을 따르지 않는 동물입니다. 고양이의 행동 기준은 하고 싶을 때만 하는 것입니다. 이름을 불러도 무시합니다. 꼬리만 흔들어 대답하거나 엉뚱한 곳을 바라보며 귀로만 듣고 있습니다. 이는 흔한 일입니다.

그래서 고양이를 불렀을 때 우연히 응답을 하거나 곁으로 와 주면 그 기쁨은 이상할 정도로 큽니다. '다음에 언제 나한테 와 줄지 모르니 지금 마음껏 예뻐해 주자'라는 생각이 듭니다. 고양이와 함께 사는 사람은 이 말에 대부분 공감할 것입니다.

고양이가 가르쳐 주는 이러한 부족감과 그 반동에서 오는 기쁨, 자주 없는 일이니 가치가 높게 느껴집니다. 이런 현상을 '희소성의 법칙'이라고 합니다.

앞에서 소개한 사회심리학자 로버트 치알디니가 오랜 세월 연구하여 발표한 것입니다. 법칙이라고 할 정도로 보편적이고 재현성이 있어 누구라도 쉽게 영향을 받습니다.

이런 '희소성'의 함정은 알게 모르게 우리 주변을 둘러싸고 있습니다. 상품이나 서비스를 파는 기업들은 이 효과를 잘 알고 있습니다. 어디서나 '선착순 ○명', '○개 한정'이라는 표현을 자주 봅니다. 홈쇼핑에서 '얼마 안 남았습니다'라던가 '오늘 구입하시는 분들 한정으로 ○○를 증정해 드립니다'라는 말을 누구나 한 번쯤은 들어보았을 것입니다.

이런 선전 문구야말로 희소성의 영향력을 이용하여 별로 원하지 않아도 '사지 않으면 후회한다'라는 생각이 들게 합니다. 그래서 나중에 '쓰지도 않는데 사 버렸다', '그때 왜 샀지?'라며 후회하는 일도 생깁니다. 우리가 알지 못하는 사이 희소성의 법칙을 이용하는 사람들에 둘러싸여 있습니다.

하지만 고양이의 힘을 빌려 그 영향력을 딱 필요한 만큼으로 줄일 수 있습니다. 왜냐하면 아무리 매력적인 기업의 광고에 따른 소비욕도 고양이의 매력에 비할 바가 못되기 때문입니다.

굳이 특별한 일을 할 필요는 없습니다. 그저 고양이를 예뻐하면 됩니다. 그리고 고양이에게 차이면 자연스럽게 면역이 생깁니다.

앞에서 고양이를 불러도 어쩌다 한 번씩 다가온다는 이야기를 했

습니다. 그런 일을 자주 겪으면 '역시 지금은 불러도 안 온다. 하지만 나중에 다가오면 그만큼 기쁨은 커진다'라고 느끼기 시작합니다.

이렇게 매일 반복하다 보면 희소성에 대한 면역이 생겨 차분하게 생각할 마음의 여유가 생깁니다. 우리를 둘러싸고 있는 '희소성'이라는 강한 영향력에서 한 걸음 물러나 냉정하게 판단할 수 있습니다. 당신을 조종하려는 의도와 속임수를 눈치 챌 수 있습니다. 그리하여 불필요한 지출을 하지 않고 쓸데없는 싸움에 휘말리지 않게 됩니다.

그렇게 해서 불필요한 지출을 줄였다면, 고양이에게 맛있는 간식을 사주는 것을 잊지 마세요.

 고양이에게 휘둘리다 보면 사회에서는 휘둘리지 않는다.

상하 관계의 스트레스를 줄이는 방법

고양이끼리의 싸움을 보고 있으면 재미있습니다. 우리 집에는 고양이가 일곱 마리나 있어 장난치며 싸우는 모습을 자주 봅니다. 여태껏 열세였던 고양이가 높은 위치로 올라가면 갑자기 형세가 역전됩니다. '다다닥'하고 위세 좋게 쫓아가던 고양이는 상대 고양이가 높은 곳으로 올라가는 순간, 공격과 수비가 교체되어 이번에는 '다다닥'하고 도망갑니다. 지금까지 도망 다니던 고양이도 힘차게 뒤

를 쫓습니다. 나이나 몸집에 상관없이 높이로만 상황을 역전시킵니다. 제가 잠자리에 들었을 때 이런 상황이 벌어지면 이불을 뒤집어쓰고 싶어집니다.

고양이의 습성에 관한 책에서 야생 고양이의 진지한 싸움에서도 이와 같은 일이 일어난다는 글을 읽은 적이 있습니다. 싸움은 높은 곳이 유리하다는 설명이었습니다. 확실히 그렇다고 생각하지만 기껏 높낮이로 그처럼 입장이 역전되는 걸 보면 묘한 생각이 듭니다.

하지만 생각해 보면 인간도 마찬가집니다. 회사에서 상사 자리에 오르면 이전과는 달리 으스대기도 하고, 부하일 경우에는 자신을 억누릅니다. 일을 발주하는 쪽은 으스대고 수주하는 쪽은 굽신거립니다. 이는 고양이가 높은 곳으로 올랐을 때 기세가 오르고 낮은 위치에 있을 때 기 죽는 것과 기본적으로 똑같습니다. 고양이의 뇌는 '싸움에 유리한지'로 우열이 갈리지만 인간의 뇌는 '사회적으로 유리한지'로 갈립니다. 단순히 뇌에 프로그래밍 되어 있다는 이유로 그렇게까지 중요시해야 할 필요가 있는지 의심스럽다는 점까지 똑같습니다.

그렇다면 인간관계를 더욱 편하게 만들어 나가야 합니다. 적어도 쓸데없이 위축되어 스트레스를 받을 필요가 없습니다. 혹시 이러한 상하 관계에서 거드름을 피우는 상사를 보면 한 계단 높은 곳에 올라가서 으스대는 고양이를 떠올려 봅시다. 그 상사가 우스꽝스러워 보일 것입니다. 상하 관계에서 스트레스를 받거나 자신감을 잃는 일이 훨씬 줄어들 것입니다.

이 방법은 스트레스를 줄이는 것 말고도 또 다른 장점이 있습니다. 주변 사람들을 미워하지 않게 됩니다. 인간은 자신이 굽신거리는 상대를 미워합니다. 이 상관관계는 심리학 연구로 밝혀져 있습니다. 사람은 복종하면 억압된 적의가 생깁니다. 그래서 기본적으로 상사라는 입장은 미움을 받습니다. 게다가 복종으로 생긴 적의는 억압하면 확대됩니다. 상사의 주변 인물들까지 이유 없이 위협적으로 보입니다.

그래서 당신이 필요 이상으로 자신을 낮추지 않는다면 상대를 미워하지도 않게 되고 온 세상 사람을 적으로 보지도 않습니다.

자신 있는 상태란 용감한 것이 아니라 상대가 무섭지 않고 내 쪽이 유리하다고 생각할 때입니다. 고양이의 싸움에서 상하 관계에서 오는 스트레스를 줄이는 방법을 배워 보시기 바랍니다.

 고양이는 상하 관계를 좀 더 편하게 생각하는 법을 가르쳐 준다.

고양이와 살면 리더로서 필요한 아량이 넓어진다

"요즘 젊은 것들은……."으로 시작되는 잔소리를 들어본 적이 있을 것입니다. 고대 이집트의 벽화에도 쓰여 있을 정도로 이는 옛날부터 줄곧 이어져 온 세대 간의 갈등인가 봅니다.

고양이는 이러한 세대 간의 격차에서 생기는 고민을 줄여 주는 동물입니다. 고양이와 함께 살면 스트레스에 대한 인내심을 높여 고민을 줄일 수 있고 관리 능력을 발휘할 수 있는 여유가 생깁니다.

왜냐하면 '생각대로 할 수 없다'라고 마음속에서 느끼기 때문입니다. 부당하다고 생각하면 스트레스를 받지만 처음부터 수긍하면 불만이 생기지 않습니다.

조직 학습 경영 컨설턴트인 이케모토 가쓰유키는 경영자로서 두 회사의 주식 상장을 이끌어 연간 매출이 3억 엔인 기업을 4년 만에 120억 엔으로 성장시킨 인물입니다. 이케모토는 그의 저서에 이렇게 썼습니다.

"'이 사람이 열심히 일하지 않는 이유는 뭘까?'라는 의문은 자신을 기준으로 생각하기에 생깁니다. '이 사람의 사고방식은 원래 이렇다'라고 이해할 수 있다면 의문도 생기지 않고 불만도 갖지 않습니다."(『지금 있는 동료만으로 최강의 팀을 만들자』 이케모토 가쓰유키 저)

사람은 고양이 앞에서는 자기중심적인 생각을 버릴 수 있습니다. 고양이에게는 지위를 이용한 강요나 강제가 전혀 먹히지 않기 때문입니다. 고양이는 '평가에 영향을 받으니까 하지 말자'라는 감각이 없으므로 제 하고 싶은 대로 행동합니다. 바로 이 점을 받아들였을 때 스트레스도 사라집니다.

예를 들면 잠을 자려고 침대에 들어가면 고양이가 먼저 자고 있습니다. 고양이의 입장에서는 아주 진지합니다. 고양이는 쾌적한 잠자리 확보를 중요하게 여기기 때문입니다. 상대가 인간이라도 타협하지 않습니다. '이건 내가 산 거니까 사용할 권리는 나에게 있다'라든가 '내가 밥을 주니까 넌 나를 위해서 가장자리로 비켜!'라고 주인의 권위를 휘둘러도 상관하지 않습니다. 아무렇지 않은 얼굴로 귀

만 쫑긋거릴 뿐입니다.

억지로 옮겼다가 고양이가 화를 내고 앞으로 나를 싫어할까 봐 조심스럽게 조금 불편한 자세로 뒤쪽에서 침대에 들어갑니다. 그렇게 신경을 써 주어도 불쾌하다는 듯 짧게 소리를 내며 따질 때가 많습니다.

고양이와 이런 경험을 반복하다 보면, 상하 관계에서도 권위로 어떻게 해보려는 발상 자체가 줄어듭니다. 왜냐하면 사람은 주어진 입장과는 관계없이 욕구를 가지므로 그것을 존중해야 한다는 당연한 사실을 깨닫기 때문입니다. 머리가 아닌 감정으로 알게 됩니다. 바꿔 말하자면 진심으로 '수긍'하게 됩니다.

또한 이를 통해 세대 갈등에 대해 관대해지고, 나아가 부하의 개성을 존중해 주고 믿어 주며 장점을 끌어올려 주는 아량 넓은 리더로 성장할 수 있습니다.

고양이와 함께 사는 사람이라면, 부하가 다소 둔해서 실수를 해도 "그럴 수도 있지."라며 받아들이는 사람으로 변화합니다.

꼭 고양이와 함께 살면서 아량을 넓혀 가기 바랍니다.

 고양이는 당신의 아량을 넓게 해주어 갈등을 해소시켜 준다.

왜 고양이 유형의 인재가 환영받을까?

현대는 인터넷의 힘을 빌려 정신적으로나 경제적으로 자립할 수 있는 시대입니다. 당연하지만 개인이 손쉽게 자신의 미디어를 가질 수 있는 시대이기도 합니다. 미디어를 가진다는 것은 혼자서 정보 발신이 가능하여 잠재 고객을 확보할 수 있고 매출을 낼 수 있음을 의미합니다. 이 세상에 미디어적 가치를 제공할 수 있다면 굳이 조직에 소속하지 않고도 살아갈 수 있습니다.

런던 비즈니스 스쿨의 교수이자 조직론의 권위자인 린다 그래튼 Lynda Gratton에 의하면 앞으로 세계의 기업은 양극화가 더 심해진다고 합니다. 인수합병으로 거대한 글로벌 기업이 생겨나는 한편, 개인 단위의 마이크로 비즈니스가 증가하여 각각 독립된 형태로 서로 연계하여 일을 해나가는 방식이 늘어난다고 합니다.

이를 뒷받침하듯 현재 개인이 하는 새로운 일의 종류가 점점 늘어나고 있습니다. 린다 그래튼 교수의 저서 『워크 시프트Work Shift』에 따르면 지금의 아이들이 미래에 갖게 될 직업 중 60퍼센트는 현재 존재하지 않는 일이라고 합니다. 개인의 새로운 직업이 생겨나고, 그에 따른 새로운 활약의 장이 넓어진다는 것을 의미합니다.

물론 조직과 어울리는 방식도 달라집니다. 지금까지 일본은 피라미드형 조직에 속해 있어 조직 내에서 승진을 목표로 삼는 것을 당연하게 여겼습니다. 하지만 앞으로는 일의 안건마다 제휴를 하고 그 일이 끝나면 해산하는 형태의 유연한 업무 방식이 늘어날 것입니다.

이는 조직의 일원으로 소속했던 시대에서 개인이 중요시되는 사회로 바뀌고 있다는 뜻입니다. '개 유형'의 일하기 방식만이 유일했던 시대에서 '고양이 유형'이라는 선택지가 도래했습니다.

실제로 저도 회사를 세워 마이크로 비즈니스를 경영하는 입장이지만 실로 쾌적하고 합리적인 일의 방식임을 느끼고 있습니다. 당연하지만 앞으로 이 같은 일의 형태가 늘어나리라고 생각합니다. 제가 하는 일에 대해 "상업 출판 컨설턴트는 구체적으로 무슨 일을 하나요?"라며 신기하게 바라보는 사람들도 많지만, 앞으로는 이러한 새로운 직업이 점점 늘어날 것입니다.

이제까지는 조직 안에서 어떻게 실력을 발휘할지가 중요했습니다. 그러나 앞으로는 '어떻게 자신의 개성을 살려 일을 할 것인지'가 중요한 선택지입니다. 이러한 선택은 삶의 기준을 바꿉니다. 자신을 소중하게 여기고 불필요한 대인 관계나 조직의 굴레를 벗어나 소모되지 않는 삶의 방식에 관심을 갖게 됩니다.

『미움받을 용기―자유롭고 행복한 삶을 위한 아들러의 가르침』이라는 책이 밀리언셀러에 올라 아직도 인기가 식지 않는 것은 이러한 시대의 요구 때문일 것입니다. 아들러는 융이나 프로이트 등과 같은 평가를 받았지만 일본에서는 낯선 존재였습니다.

그런데 이제 와서 재평가되는 이유는 그의 이론이 프로이트의 무의식이나 융의 집단 무의식과는 달리 개인의 심리적 자아를 쉽게 설명할 수 있기 때문입니다. 여기에 집단보다는 개인과 그 주변의 관계에 대한 관심이 높아진 시대적 배경도 영향을 미쳤다고 생각합니다.

자기만의 방식을 고집하여 기존 조직에서 고립되어 온 '고양이 유형'의 인재들은 앞으로 그 가치가 급상승할 것입니다. 그 고집은 일의 질적인 향상에 반영되고, 질적인 향상은 성과에 반영되며, 성과는 좋은 기회로 이어집니다. 이는 곧 사회적 성공입니다.

이때까지 거북하게 여겨지던 개성이나 고집이 '프로 의식'으로써 180도 다른 평가를 받는 재미있는 시대가 왔습니다. 이제 어떻게 자신을 존중하고 개성을 키우며 관철해 나갈지를 배워야 합니다. 고양이는 이를 가르쳐 주는 교사입니다. 바로 '고양이 계발'이 지금 이 시대에 필요한 이유입니다.

 고양이 유형의 인재는 사회 구조의 변화에 강하다.

4

행복을 주는 고양이와 잘 어울리는 방법

고양이와 잘 어울리면 인간관계도 원만해진다

 이 장에서는 고양이와 좋은 관계를 쌓아 나가기 위한 방법에 대해 구체적으로 소개합니다.

 지금까지 소개한 '고양이 계발'의 다양한 효과를 얻을 수 있는 내용이 이 장에 들어 있습니다. 고양이와 깊은 신뢰 관계를 쌓으면 고양이는 당신에게 많은 것을 가져다줍니다. 반대로 그렇지 못한 경우에는 안타깝지만 제대로 얻지를 못합니다.

 또 고양이와 좋은 관계를 맺으려는 노력은 인간관계를 원만하게 만드는 것으로도 이어집니다.

 이는 고양이도 인간도 '좋다, 싫다'로 판단하기 때문입니다. 생각해보면 인간은 이성적으로 판단하고 있는 듯해 보여도 실제로는 대부분 감정으로 결정합니다. 당신도 원하는 것이 있을 때 나중에야 그 이유를 붙인 적이 있을 것입니다. 이해관계로 좌우되는 비즈니스나 정치적인 세계도 다르지 않습니다. 좋다와 싫다로 이미 결론은 났지만 그것을 정당화하려고 나중에 이유를 추가하는 경우가 허다합니다.

 그 차원에서는 고양이나 사람이나 조건이 똑같습니다. 좋다와 싫다의 감정을 만들어 내는 뇌는 고양이도 사람도 별 차이가 없습니다. 미국의 동물학자 템플 그랜딘Temple Grandin에 의하면 감정을 주관하는 대뇌변연계는 인간과 다른 동물, 예를 들어 돼지라도 거의 차이가 없다고 합니다. 즉, 고양이나 인간이나 뇌의 같은 부위에서 감정을 만들어 냅니다. 그러므로 인간관계를 원만하게 만들어 주는 포인트도 공통점이 많습니다.

이렇게 말하면 '인간과 고양이의 뇌가 같을 리가 없다'라고 반박할 듯해서 추가 설명을 덧붙이겠습니다.

미국 심리학자이자 신경과학자인 폴 D. 맥린Paul D. MacLean은 인간의 뇌가 3개의 층으로 이루어져 있는 것을 발견했습니다. 뇌는 오래된 부분을 남긴 채 새로운 기능을 추가하며 발달해 왔습니다. 구체적으로 '파충류 뇌 → 포유류 뇌 → 영장류 뇌'의 순서입니다. 이것을 '뇌의 3층 구조설'이라고 부릅니다.

이 중에서 가장 바깥쪽에 있는 새로운 영장류의 뇌를 대뇌피질이라고도 하며, 이곳은 인간에게만 있는 부위입니다. 고양이와 사람의 차이는 이 부분뿐입니다. 그 안쪽 부분은 거의 같습니다. 안쪽에 있는 '파충류 뇌'와 '포유류 뇌'가 인간이라고 해서 고도로 발달된 것은 아닙니다.

다시 말하면 고양이와 사람은 대상과의 관계를 '좋다, 싫다'로 결정하며, 이 점이 고양이와 인간은 똑같습니다. 그러므로 고양이와 좋은 관계를 쌓아 간다는 것은 인간관계를 좋게 만드는 것으로 이어집니다.

이 장에서 구체적으로 고양이와 마주하는 법을 익혀, 거기에서 좋은 영향을 많이 얻어서 더욱 좋은 인간관계로 활용하시기 바랍니다.

고양이에 대해서는 늘 'Yes'가 정답

　고양이는 신기하게도 놀아 주고 싶을 때는 쌀쌀맞고, 반대로 바쁠 때는 '어리광부리고 싶다'며 다가옵니다.

　여기서 "지금 바쁘니까 나중에……."라며 자기 일을 우선시하면 고양이와 깊은 신뢰 관계를 쌓지 못합니다.

　결론부터 말하면, 바쁘거나 다른 일이 있어도 고양이가 소통을 요구해 오면 즉시 응해 주어야 합니다. 고양이를 대하는 가장 바람직한 자세입니다.

　예를 들면 집에서 취미에 몰두하고 있을 때든, 일을 생각하느라 마음에 여유가 없을 때든, 고양이가 곁에 오면 일단 하던 일을 전부 내려놓으십시오. 그리고 고양이에게 환영의 마음을 보여 주세요. 진심을 담아 머리를 쓰다듬어 주고 턱밑을 긁어 주고 등을 어루만져 주세요. 기쁜 표정을 지어 주세요. 당신이 한시라도 빨리 다른 일을 해야 한다는 마음이 있더라도 성가시다는 표정을 짓지 마세요. '꼼짝없이 놀아 주어야 한다'라는 표정이나 태도는 안 됩니다. 마음속으로도 절대 생각하지 마시기 바랍니다.

　고양이는 예상 외로 당신의 마음을 잘 읽어 냅니다. 인간의 말은 알아듣지 못할지라도 마음속 목소리는 억양 또는 몸짓으로 알아챕니다. 인간끼리도 호의나 반감 등 감정의 소통에서 말이 차지하는 비율은 의외로 미미합니다. 미국 심리학자 앨버트 메라비언Albert Mehrabian에 따르면 말의 내용이 차지하는 비율은 겨우 7%라고 합니다. 38%는 목소리의 톤이나 말투이고 55%는 몸짓이라고 합니다. 사람의 말을 모르는 고양이는 언어보다 훨씬 민감하게 당신의 목소리의 뉘앙스나 손짓과 발짓을 보고 판단합니다. 그러므로 진지하게 고양이와 마주하는 마음가짐이 중요합니다.

참고로 말씀드리면, 집에서 자주 아내와 우리 고양이들 이야기를 하는데, 그들이 들을 리 없다고 생각하고 하고 마음속 이야기를 그대로 말해 버릴 때가 있습니다.

우리 집의 기지타로라는 고양이는 굉장히 귀엽지만 약간 맹한 구석이 있습니다. 그래서 기지타로의 얼빠진 행동에 대해 아내와 재밌게 이야기를 하고 있으면 기타지로가 곁으로 다가와 속상한 표정을 짓곤 합니다. 그 아이의 눈을 보면 분명히 우리들 대화의 뉘앙스가 전해졌음을 알 수 있습니다. "나를 부른 줄 알고 와 보니, 내 흉을 보고 있잖아. 다 들었어. 아아, 슬프다."라고 얼굴에 씌어 있습니다. 이럴 때는 힘껏 달래 주며 반성을 합니다.

이렇게 항상 고양이를 받아들여 주고 긍정적으로 대응하려면 자신을 희생해야 한다고 여길지도 모릅니다. 하지만 결코 그렇지 않습니다. 오히려 자신의 그릇을 넓힐 기회입니다.

왜냐하면 사람은 스스로 의식하지 못하는 '인식의 조건'을 가지기 때문입니다.

자신에 대해서만 생각하는 경우는 '자신이 세계의 중심'이라는 조건이 따릅니다. 상대방에 대해서도 생각한다면 '세상에는 다른 사람도 있다'라는 조건이 추가됩니다. 게다가 주변 사람들까지 생각한다면 '조직으로서의 입장도 있다'라는 조건까지 포함됩니다. 점차 '사

회', '국가', '세계', '우주'로 넓혀집니다. 이러한 넓은 범위를 가진 인식의 조건들이 그 사람의 그릇을 가늠할 수 있게 해줍니다. 바로 그 사람의 기량이라 할 수 있습니다.

하던 이야기로 돌아가겠습니다. '내가 중심'인 사람은 고양이에게 봉사하는 일이 자기 희생처럼 느껴지겠지만 '다른 사람도 있다'라는 인식을 가진 사람에게는 기쁨이 될 수 있습니다. 고양이의 요구를 어떻게 느끼는지 또는 어떻게 받아들이는지 자신의 기량을 가늠해 보는 좋은 기회인 셈입니다. 기량이란 고정되어 있는 것이 아니라 크게도 작게도 변화합니다. 고양이를 우선시 하면 고양이도 기쁘고 당신도 성장합니다. 부디 실천해 보십시오.

고양이와 살면 그릇이 큰 사람으로 변화한다.

친해지고 싶다면 고양이를 쓰다듬어 주세요

일본인이 가진 장점 중 하나가 남의 마음을 헤아리고 배려하는 문화입니다. 이심전심이라는 말도 있듯이 옛날에는 친한 사이에는 말하지 않아도 마음이 전해진다는 생각이 일반적이었습니다.

하지만 지금은 '마음을 전하는 법'에 관한 책이 베스트셀러가 되는 시대입니다. 서점에는 의사소통을 잘하기 위한 비결을 주제로 한 책들이 넘쳐나고, 많은 사람들이 그런 책을 읽습니다. 자신이 먼저 능동적으로 의사소통을 하는 것이 중요하다는 것을 의미하겠지요.

이처럼 마음을 전하는 데도 기술이 필요합니다. 서투른 의사소통은 오해를 부르기도 합니다.

이는 고양이도 똑같습니다. '마음속으로 귀엽다고 생각하니까 겉으로 표현하지 않아도 고양이가 알아줄 거야'라는 생각은 잘못입니다. 실제로는 전혀 전해지지 않는 경우도 많습니다.

우리 집 기지타로라는 젊은 수컷 고양이에 관한 이야기입니다. 기지타로는 숫기가 없어 감정을 잘 드러내지 않습니다. 어느 날부터인가 기지타로가 제게 다가오지 않는다는 것을 알게 되었습니다. 조금 떨어져서 상처받은 듯한 표정으로 제 쪽을 가만히 바라보고 있었습니다. 그때부터 기지타로가 가까이에 있으면 일부러 말을 걸어 주고 쓰다듬어 주거나 머리나 턱밑을 긁어 주었습니다. 그랬더니 이전보다 훨씬 표정도 밝아지고 가까이 다가왔습니다. 지금은 틈만 나면 달라붙어 있습니다. 이제 기지타로와의 소통은 저에게 빼놓을 수 없는 위안의 시간입니다.

기지타로는 아마도 다른 고양이들하고만 놀아 주고 자기에게는 관심이 없다고 느꼈던 듯합니다. 이 고양이는 자존심이 강해서 어리광을 부리지 못합니다. 저는 기지타로를 귀여워하면서도 '기지타로, 널 내가 얼마나 예뻐하는지 알고 있지?'라며 마음속으로만 생각했는데, 기지타로에게는 마음속 사랑이 전혀 전해지지 않았던 것입니다. 말하자면 제 쪽에서 먼저 제대로 소통을 하지 않았던 결과였습니다.

이러한 의사소통의 첫 단계는 '인사'입니다. 가정에서도 직장에서

도 사람들은 인사를 합니다. 고양이와도 마찬가집니다. 저는 '손끝을 고양이 코끝에 내미는' 방식을 선호합니다. 이는 고양이끼리 인사할 때와 비슷한 방법입니다.

고양이는 후각이 예민해서 많은 정보를 냄새로 얻습니다. 그래서 고양이끼리의 인사는 서로 코를 살짝 맞댑니다. 친한 사이라면 잡담 대신 서로의 엉덩이 냄새를 맡습니다. 이렇게 하면 몸 상태를 알 수 있습니다. 인간은 엉덩이를 내밀 수는 없으니 손끝을 고양이에게 내밉시다. 고양이가 냄새를 맡아 주면 서로 인사를 나눈 것입니다. 그렇게 인사가 이뤄지면 당신은 고양이에게 관심을 표명한 것과 같습니다. 또 고양이의 머리를 쓰다듬어 주고, 턱밑을 긁어 주고, 등을 마사지해 주고, 포동포동한 고양이의 몸을 부드럽게 쓰다듬어 주는 것도 좋습니다. 고양이에 따라 좋아하는 포인트가 다릅니다. 다양한 소통 방식을 시도해 보시기 바랍니다.

그리고 소통 빈도에 신경을 써야 합니다. '방금 했으니까 됐지?'라고 단정하지 말고 하루에 몇 번이라도 해주는 것이 좋습니다. 왜냐하면 고양이는 우리 인간보다 훨씬 더 '오랜만'인 것처럼 느껴진다고 합니다.

고양이의 시간 감각은 인간과 비교하면 4배 정도의 차이가 있을 것으로 추정됩니다. 어른 고양이의 1년은 인간의 약 4년에 해당하는 시간입니다. 그럴 경우 인간의 반나절이 고양이에게는 이틀입니다. 인간은 반나절 만에 만나지만 고양이의 감각으로는 이틀 만에 만나는 셈입니다.

그런 연유로 당신이 외출에서 돌아왔을 때 현관까지 마중 나온 고양이를 무시하면 '이틀이나 못 만났는데 인사도 없고 내 환영도 무시했다'라고 느낍니다. 이렇듯 고양이를 슬프게 했으니 서로 행복한 관계라 할 수 없습니다.

'말하지 않아도 다 알겠지'라는 생각은 사람에게든 고양이에게든 금물입니다. 적극적인 의사소통으로 원활한 관계를 쌓아 갑시다.

 말하지 않아도 알 거라는 생각은 고양이에게도 통하지 않는다.

고양이를 길들이자는 생각을 버리자

당신은 '애완동물은 길들여야 한다'고 생각하나요?

사실 개와 같은 동물은 훈련을 시키지 않은 채 응석을 받아 주면 큰일납니다. 그럴 경우 개는 '내가 무리 속에서 서열이 가장 높다'라고 착각을 합니다. 아무리 소형견이라 해도 주인에게 위압적인 태도로 복종을 요구한다고 합니다. 몸집이 작은 치와와가 한 가족의 어른인 아버지를 향해 '멍멍멍!' 화를 내며 명령한다면 이상한 광경이겠지요. 그래서 개를 키울 때는 이런 일이 일어나지 않도록 잘 교육을 시켜야 합니다.

하지만 고양이의 경우는 다릅니다. '나쁜 짓을 하면 훈련을 시켜야 한다'는 생각은 큰 오산입니다. 왜냐하면 고양이는 교육 효과가 전혀 없는 데다, 신뢰 관계마저 깨지기 때문입니다.

예를 들어, 당신이 보고 있지 않는 동안에 고양이가 당신의 신발을 갉아 먹었다고 합시다. 깔끔했던 신발에 지저분하게 이빨 자국이 남았습니다. 그럴 때에도 절대로 고양이를 혼내면 안 됩니다. 고양이는 혼나고 있는 이유를 알지 못한 채 그저 당신이 자신에게 심술을 부린다고 느낄 뿐입니다. 그런 일이 반복되면 고양이는 당신의 모습을 보기만 해도 두려움에 떨게 됩니다.

영국의 동물학자 존 브래드쇼John Bradshow에 의하면, 만약 고양이를 교육시키겠다면 '관련된 행동이 적어도 1, 2초 이내에 일어난 일이어야 한다'고 합니다. 그러니 고양이를 야단치려면 개그맨의 행동처럼 눈 깜짝할 사이에 후다닥 반응해야 합니다. 꽃병이 '쨍그랑' 하고 소리가 나자마자 바로 1초 내로 "야, 왜 그랬어!" 같은 느낌입니다. 늘 그런 일이 있을 때마다 이 같은 반응을 재현하면 야단을 친 효과가 있을지도 모릅니다. 하지만 보통 상황에서는 거의 불가능합니다. 조금이라도 타이밍을 놓치면 심술 부리는 행동으로 보일 뿐입니다.

저도 전에 그런 경험이 있었습니다. '제때 야단을 친다'고 느껴지는 순간에 고양이를 혼냈습니다. 하지만 전혀 효과가 없었습니다. 고양이는 이후로도 그 행동을 멈추지 않았고, 오히려 '이런 일을 더는 당하고 싶지 않다'라는 원망스러운 눈길로 바라보고 있어서, 저만 슬펐습니다.

고양이 중에서도 사나운 아이들은 "뭐야 싸울래? 카악!" 하고 덤벼서 오히려 제가 혼나는 꼴이 될 때도 있습니다. 더욱 슬픈 것은 여린 성격의 아이가 혼난 이유도 모른 채, '주인이 심술 부려 슬프다'라

는 표정으로 기가 죽어 있을 때입니다.

그럼 어떻게 하면 좋을까요? 이에 좋은 대처법이 있습니다. '더욱 관심을 가질 만한 물건을 제공'하는 것입니다. 예를 들면 발톱을 갈아선 안 되는 카펫일 경우, 발톱을 갈기 전에 훨씬 편하게 발톱을 갈 수 있는 고양이용 스크래처를 옆에 놔둡니다. 커튼에 기어오르는 것을 원하지 않는다면 기어오를 때 훨씬 즐거움이 느껴지는 삼끈이 감긴 캣타워 등을 옆에 놔둡니다. 옷에 달린 줄을 잡아당기곤 해서 불편하다면 리본 달린 기다란 장난감을 슬쩍 보여 주세요. 급할 때는 손가락으로 놀아 주기만 해도 충분히 주의를 다른 데로 돌릴 수 있습니다. 고양이의 관심을 다른 데로 돌리는 일은 의외로 간단합니다.

고양이를 혼낸다거나 길들이자는 생각은 아예 그만둡시다. 생각해 보면 혼낸다는 행위는 대개 자기만족입니다. 인간도 이런 식으로 혼나면 '다음에는 들키지 말아야지', '시끄러우니까 거리를 두자'라고 생각합니다. 사람의 본심은 잘 보이지 않을 뿐이지, 마음속은 고양이와 똑같습니다. 만약 혼을 내서 일이 해결된다면 서점에 '상사와 부하의 관계를 좋게 만드는 책'이 그처럼 많이 쌓여 있을까요.

혼내고 싶을 때는 한 발짝 떨어져서 다른 방법을 찾아봅시다. 그렇게 하면 고양이와도 사람과도 잘 어울릴 수 있습니다.

고양이도 사람도 꾸지람은 백해무익이다.

고양이의 주목도를 활용한 소통 방법

고양이는 혼을 내도 길들이지 못한다. 만약 혼을 내려면 1초 이내에 끝내야 한다고 이야기했습니다.

그 1초를 맞출 수 있는 방법과 장난치려는 현장을 사전에 알아챘을 때 고양이가 장난치지 못하도록 막는 요령을 알려 드리겠습니다.

"상하 앞니를 꽉 물고 이 사이로 힘차게 '쉿!' 하고 소리를 냅니다."

놀랍게도 이 방법은 의외로 큰 효과가 있습니다. 왜냐하면 고양이가 평소에 상대를 위협할 때 사용하는 방법이기 때문입니다. 고양이가 화나면 '카악!' 하고 소리 내는 것과 같습니다. 아무리 큰 소리로 야단을 쳐도 꿈쩍도 하지 않던 고양이라도 이 방법을 쓰면 흠칫하고 당신을 향해 주목할 것입니다. 저도 이럴 때를 위해 아무도 없는 곳에서 혼자 연습했습니다.

주의해야 할 점은 당신에게 주목하는 고양이가 재미있다 해서 함부로 남용하지 말아야 합니다. 고양이를 위협하고 경계하는 행동이라서 계속할 경우, 고양이는 단순히 당신을 무서운 사람이라고 여깁니다. 그 행동을 꼭 막고 싶을 때만 타이밍을 맞춰서 1초 이내에 해결해야 효과가 있습니다.

그리고 절대로 고양이 이름을 부르면서 야단을 쳐서는 안 됩니다. 그럴 경우 고양이는 자신의 이름과 두려움을 연관 지어 버려서 이후로 당신이 평소대로 이름을 부르면 고양이는 그 무서운 기억만을 떠올립니다.

이와 같이 타이밍과 방법이 어긋나지만 않는다면 일단 교육은 효과가 있습니다. 하지만 고양이가 당신을 싫어하게 될 위험성도 높습니다. 그러므로 극약 처방처럼 꼭 필요할 때만 사용하시기 바랍니다.

 꼭 그 행동을 막고 싶을 때만 "쉿!"

고양이도 사람도 칭찬해 주면 더 잘한다

고양이에게 사람의 규칙을 가르쳐 주고 싶을 때, 아주 건설적이며 서로에게 유익한 방법이 있습니다. '고양이를 칭찬해서 길들이는' 방법입니다.

고양이는 개를 비롯한 다른 동물과 비교해서 인정받고 싶은 욕구가 덜하다고 생각하는 사람도 많습니다. 사실 고양이는 무리를 짓지 않고 서열도 없으니 그런 면이 있기는 합니다.

하지만 인정받고자 하는 욕구가 전혀 없는 것은 아닙니다. 자존심이 강해서 겉으로 드러내는 데 서투를 뿐이지 고양이도 사람에게 인정받고 싶어 합니다.

우리 집에서 가장 자존심이 강한 고양이는 '효'라는 레드태비 수컷 고양이입니다. 이 아이는 외로워도 응석을 부리고 싶어도 웬만해서 가까이 다가오지 않습니다. 어느 정도 거리를 두고 제 쪽을 가만히

바라보기만 합니다. 그러다 알아차리지 못하고 있으면 조금씩 다가와 가만히 쳐다봅니다. 그늘진 곳이나 물건에 가려진 곳에서 그럴 때도 있습니다. 그래도 눈치 채지 못하면 '아직도 알아채지 못했어요?'라는 듯 약간 화난 눈빛으로 바로 아래까지 와서 가만히 올려다봅니다. 그쯤에는 노려본다 해도 틀린 말이 아닙니다.

이쯤 되면 저도 알아차리고 효에게 따뜻하게 말을 걸고 쓰다듬어 줍니다. 그러면 '드디어 알아주는구나'라는 표정을 지으며 기쁨을 감추지 못합니다. 그렇게 관심을 받고 싶으면 차라리 울음소리라도 내면 좋을 텐데 말입니다.

이처럼 고양이는 감정을 겉으로 드러내지는 않지만 인정받고 싶다는 욕구가 있습니다. 그러므로 '칭찬으로 길들이는 방법'도 상당한 효과가 있습니다.

예를 들면, 앞에서 설명한 '고양이를 야단치는 대신 관심을 다른 데로 돌리라'고 했던 사례를 응용해 보세요.

발톱을 갈면 안 되는 카펫 가까이에 스크래처를 놔두었다가 거기서 발톱을 갈 때는 과할 정도로 칭찬을 해줍니다. 이 또한 약 1초 이내에 칭찬을 해주어야 합니다. 그렇게 해서 '손톱을 여기서 간다 → 기쁜 마음이 된다'라는 회로가 고양이의 뇌 속에 만들어지면 성공입니다. 고양이는 자신의 욕구에 충실한 동물이라서 기쁘다고 느꼈던 행동을 반복하게 됩니다.

생각해 보면 조직 속에서 인간 관계를 원활하게 만드는 방법도 서로 인정해 주고 자발적으로 행동할 수 있도록 유도하는 것이 핵심입니다. 고양이뿐만 아니라 인간도 칭찬받으면 의욕이 생기는 동물입니다. 고양이를 칭찬하는 솜씨가 늘면 인간 관계를 원활하게 하는 요령을 어느새 터득했을 것입니다.

 고양이에게 칭찬을 잘하면 사람에게도 칭찬을 잘한다.

고양이의 기쁨을 찾아주자

고양이와 살아 보니 '생각보다 성격이 담백하다'라며 심심하다고 느낄 수도 있습니다. 그럴 때 가장 좋은 방법을 알려 드립니다.

'뜻밖에 고양이가 가르릉가르릉 하며 기뻐할 일'을 찾는 것입니다.

흔히 책에 '고양이는 쓰다듬어 주면 좋아합니다'라고 씌어 있습니다. 맞는 말이지만 그 말에만 의존해서는 안 됩니다. 그 하나만으로는 모자랍니다. 고양이나 사람이나 같은 자극에 익숙해지면 질립니다. '쓰다듬어 주면 좋아한다'라는 한 가지 패턴만으로는 당신의 고양이도 머지않아 '오늘도 똑같네'라고 생각합니다. 같은 자극이 계속되면 담백한 태도로 나타납니다.

저는 개성이 각각인 고양이들과 살면서, 취향도 제각각인 것을 보면 지금도 종종 놀라곤 합니다. 고양이와 살기 시작한 지 얼마 안 됐다면 아직 고양이가 좋아하는 포인트를 잘 모를 것이라고 생각합니다.

예를 들어 우리 집 '코코타로'라는 흑색과 백색 털을 가진 수컷 고양이는 품에 안기기를 좋아합니다. 눈을 반짝이며 저를 신뢰하는 눈길로 바라보고 가르릉가르릉 소리를 냅니다. 또 '시마지로'라는 검정색 줄무늬가 섞인 흰털 고양이는 배를 쓰다듬어 주는 것을 매우 좋아합니다. 그렇게 하면 벌러덩 드러누워 가르릉가르릉 하며 기쁨을 온몸으로 표현합니다.

하지만 이 둘을 서로 반대로 해주면 몹시 귀찮아합니다.

이렇듯 고양이가 '좋아하는 포인트'는 천차만별입니다. 그래서 위에서 말한 '뜻밖에 고양이가 가르릉가르릉 하며 기뻐하는 일'을 찾아내주는 전략이 필요합니다.

그런 마음으로 고양이와 놀아 주다 보면 여러 접근법을 터득하게 됩니다. 고양이도 '오! 오늘은 이런 방식으로 놀아 주는구나'라며 자극이 늘어나는 것을 즐길 것입니다. 말할 나위도 없이 고양이는 자신을 기쁘게 해주는 사람을 따르고 좋아합니다. 기쁘게 해준 보답으로 고양이가 손이라도 핥아 준다면 작전 성공입니다.

물론 금방 '좋아하는 포인트'는 늘어나지 않습니다. 또한 '싫어하는 포인트'도 있으므로 싫어할 때는 반복하지 말아야 합니다. 안아 주는 걸 좋아하는 고양이도 있지만 '안아 주는 거 싫다고!'라는 고양이도 있습니다.

시행착오를 겪다 보면 반드시 고양이가 좋아하는 포인트를 발견할 것입니다. 그러면 가르릉가르릉 소리를 내며 좋아할 테니 포기하지 말고 반복합시다. 그렇게 해주면 어느새 고양이는 태도가 바뀌어 쌀쌀한 표정은 사라지고 기대에 찬 눈빛으로 당신을 기다리는 날들이 계속될 것입니다.

유명한 경영학자인 피터 드러커Peter Ferdinand Drucker도 그의 저서에 "예기치 못한 성공만큼 혁신의 기회를 가져오는 경우는 없다."라고 썼습니다. 부디 고양이의 '뜻밖의 기쁨에 가르릉가르릉' 하는 소리를 통해, 당신과 고양이의 관계에 멋진 혁신을 일으켜 보십시오.

 고양이의 기쁜 '목소리'는 하루아침에 나오지 않는다.

고양이의 호의는 모두 받아들이자

당신은 애정의 반대를 무엇이라고 생각합니까? 1986년도 노벨평화상을 수상한 엘리 위젤Elie Wiesel에 의하면 '무관심'이라고 합니다. 많은 사람이 공감할 것입니다.

고양이도 마찬가집니다. 고양이가 어리광을 부리고 있는데도 '지금은 바쁘니까'라며 뒤로 미룬다면 관심이 없다는 것과 같습니다. 애정과는 정반대인 행위입니다. 이때 '내가 몹시 바쁘니까 이해해 주겠지?'라는 것은 인간의 이기적인 생각입니다. 고양이는 '애정을 요구했는데 무시당했다'라는 사실만 기억합니다.

이렇듯 자신도 모르는 사이에 고양이에게 최악의 메시지를 보내는 것이니 주의해야 합니다. 특히 고양이가 당신의 손을 할짝할짝 핥아 주면 그것은 매우 친밀하다는 증거입니다. 간지럽다고 손을 빼지 말고 고맙다며 다른 한손으로 쓰다듬어 줍시다. 이런 작은 소통이 하나하나 쌓여서 큰 신뢰를 만듭니다.

이 같은 호의조차 받아 주지 않고 무관심한 태도를 보이면서 '고양이가 놀아 주지 않는다', '고양이는 쌀쌀맞다'라고 한다면 이기적인 생각입니다. 고양이는 당신의 거울입니다. 속담에 '남의 언행을 보고 제 버릇 고쳐라'라는 말이 있듯이 고양이는 타산지석 같은 존재입니다.

> 한 줄 요약 **고양이의 태도를 보고 자신의 태도를 고쳐라.**

'한 옥타브 더 높은 목소리'는 무기가 된다

고양이와 더욱 좋은 소통을 위한 테크닉을 소개해 드리겠습니다. '한 옥타브 더 높은 목소리'를 내는 것입니다.

어쩌면 이 말에 남성들은 거부감이 들지도 모릅니다. 특히 집안에서 강한 이미지를 가진 가장이라면 가족들 앞에서 꾸며 낸 목소리를 낸다는 것이 처음에는 부끄러울지도 모릅니다. 하지만 고양이와 좋은 소통을 위한 일이라 생각하시고 이참에 가정 내에서의 생활 방식을 바꾸는 기회로 삼아 보세요. 고양이를 위해 목소리를 바꿔 냈다 해도 집안에서의 위치는 변함이 없습니다.

한 옥타브 높은 목소리를 내는 이유는 고양이가 좋아하기 때문입니다. 인간은 소리를 약 20KHz까지 들을 수 있습니다. 그에 비

해 고양이는 청력이 민감하여 소리를 인간의 3배인 60KHz까지 들을 수 있습니다.

일반적으로 고양이는 남성보다 여성을 좋아합니다. 그 이유는 목소리의 높낮이 때문입니다. 고양이에게 남성의 목소리는 쉰 소리로 느껴지는 탓에 여성의 목소리만큼 좋아하지 않습니다.

혹시 당신이 남성이라면, 고양이와의 사이의 가로놓은 목소리라는 장애물을 뛰어 넘으십시오.

먼저, 혼자 있을 때 다정한 목소리로 "○○(고양이 이름)야~"라고 연습하시기를 권합니다. 조금 이상한 광경이겠지만 신경 쓰지 마시고 제대로 높은 목소리가 나올 때까지 연습해 보세요. 가족을 조금 놀라게 할지라도 지금보다 훨씬 많은 '고양이의 호의'를 얻기 바랍니다.

권위의 허울보다 고양이의 호의를 얻자.

미움받지 않기 위해 알아 둘 세 가지 감정 표현

 고양이와 살면서 그들의 마음을 헤아려 주는 것은 기본입니다. 특히 두려워하는데도 눈치를 못 채거나 싫어하는 행동을 계속하면 모처럼 쌓은 신뢰 관계가 물거품이 됩니다. 그런 상황을 만들지 않기 위해 꼭 알아 두어야 할 고양이의 감정 표현을 소개하겠습니다. 너무 많아 기억하기 어려운 분들을 위해 아주 중요한 것만 엄선했습니다. 만약 고양이가 아래와 같은 몸짓을 한다면 신중하게 돌봐줍시다.

꼬리를 빨리 움직일 때 = 불쾌

꼬리의 털을 곤두세울 때 = 공포, 흥분

'카악!' 하고 소리를 지를 때 = 화가 남

더욱 사랑받기 위한 세 가지 감정 표현

고양이는 자신의 욕구를 채워 주는 사람을 좋아합니다. 인간도 그런 경향이 있지만, 고양이의 경우는 속과 겉이 다르지 않아서 그만큼 반응도 솔직합니다. 맞춰 주면 맞춰 줄수록 효과를 실감하실 것입니다.

다음과 같은 고양이의 몸짓을 기억하여 더욱 많은 고양이의 호의를 얻기 바랍니다.

'가르릉가르릉'하고 소리를 낼 때 = 기쁨

꼬리를 수직으로 세울 때 = 기쁨

눈을 가늘게 뜨고 있을 때 = 만족

고양이와의 생활은 '완전 실내'가 기본

고양이와 살게 되면 절대 밖으로 내보내지 말고 실내에서만 생활하게 합시다.

이는 고양이의 수명 연장으로 이어집니다. 실내에서만 사는 고양이의 평균 수명은 약 16년이지만 길고양이의 수명은 7년 정도밖에 되지 않는다고 합니다.

'가둬 놓으면 불쌍하지 않나?'라고 가여워하지 마십시오.

고양이는 영역 동물이라서 오로지 자신의 냄새가 밴 영역에서만 안심합니다.

오히려 밖으로 내보내면 두려움을 느낍니다. 더욱이 밖에서는 다른 고양이와 싸울 수도 있고 영역을 지키기 위해 다툴 수도 있어, 다칠 위험이 있습니다.

가끔 목줄을 매어 고양이를 산책시키는 사람이 있습니다. 그럴 경우 어릴 때부터 특별 훈련을 시키지 않았다면 길을 걸으면서 고양이는 두려움에 떱니다. 이와 같은 여러 이유로 안전한 영역을 제공해주는 실내가 고양이에게는 편안 곳이고 안도감을 줍니다.

우리 집 '마루타로'를 예를 들어보겠습니다. 흰털에 검정색 줄무늬의 막내인 이 고양이는 집안에서는 제 세상인 양 거리낌 없이 장난을 칩니다. 하지만 밖에서는 힘들어 합니다. 전에 동물병원에 데려갈 때는 차 안에서도, 병원에 도착해서도, 계속 울었습니다. 영역 밖이라 불안해서 어쩔 줄 몰라 하는 것입니다.

이렇듯 영역은 고양이의 정신적 안정을 크게 좌우합니다. 다만 어느 정도 나이를 먹을 때까지 길에서 생활했다면 밖으로 나가고 싶어 할 가능성이 있습니다. 자신의 영역이 외부이기 때문입니다. 그런 고양이는 자신의 영역을 순찰하지 못해 스트레스가 쌓일 수도 있습니다. 가능하면 실내에서 만족하고 살 수 있도록 집안에서의 스트레스를 해소해 주어, 자신의 영역이 실내에만 있음을 천천히 몸에 익히도록 해주세요. 또한 밖으로 내보냈을 때 가장 큰 문제는 교통사고를 당할 위험입니다.

고양이는 뛰어난 운동 능력을 가졌지만 옆에서 빠른 속도로 달려오는 자동차를 잘 인식하지 못합니다. 그래서 교통량이 많은 도로일지라도 단번에 가로지릅니다. 위에서 설명한 영역의 순회나 먹이 확보를 위해 위험한 줄도 모르고 반복해서 도로를 횡단하기도 합니다.

특히 도시에서는 이와 같은 위험에 맞닥뜨리지 않도록 실내에서만 생활하기를 권합니다.

 고양이와 사람의 안전을 위해서라도 완전 실내가 가장 좋다.

건강하게 오래 살게 하는 고양이의 식사

일본에서 고양이 식사에 대한 안타까운 상식 중 하나가 '네코맘마'입니다. 이는 밥에 가다랑어를 말린 가쓰오부시를 뿌려 먹는 식사를 말합니다. 이러한 식사가 고양이의 건강에 해로운데도 일본에서는 고양이 먹이의 대명사처럼 알려져 있습니다.

고양이는 인간과 신체 구조가 다릅니다. 탄수화물도 염분도 별로 필요하지 않습니다. 오히려 탄수화물이 40퍼센트 이상 함유된 식사는 설사를 하고 고혈당에 걸릴 수도 있습니다. 염분도 소변으로 대부분을 배설하지 않으면 신체에 부담이 갑니다. 특히 수컷 고양이는 원래 신장병에 걸리기 쉬워서 6세가 넘으면 비뇨기계에 많은 문제가 생깁니다. 특히 방광이나 요도에 병이 생깁니다. 그러므로 탄수화물과 염분으로 부담을 주어선 안 됩니다.

우유도 잘못 알려진 상식 중 하나입니다. 고양이는 우유에 들어있는 유당을 분해시키지 못합니다. 그래서 우유를 먹으면 배탈이 나기도 합니다. 새끼 고양이라면 그나마 괜찮다는 설도 있고, 개체마다 조금씩 차이도 있어 모든 고양이가 다 그렇다는 이야기는 아닙니다. 그러나 '고양이에게 우유를 먹여도 상관없다'라는 상식은 고양이에게는 성가신 이야기입니다. 다만 고양이 전용 우유는 사전에 유당을 분해해서 판매하므로 문제없습니다.

가쓰오부시를 뿌려 먹는 네코맘마나 사람이 먹는 우유를 그대로 먹였을 경우 예상치 못한 일이 벌어지기도 합니다. 그러므로 평상시 고양이에게 필요한 영양소를 대략적으로라도 파악해 둡시다.

고양이에게 중요한 영양소는 '단백질'입니다. 인간과 마찬가지로 체내에서 아미노산으로 분해되어 쓰입니다. 체내에서 합성되지 않고 오로지 섭취로만 얻는 필수 아미노산도 있으니 균형을 생각해서 먹여야 합니다. 예를 들어 고양이가 아무리 좋아한다 해도 생선만 계속 주는 것은 금물입니다.

위에서 살펴본 결과, 고양이의 식사를 간단하게 생각해선 안 된다는 사실을 알 수 있습니다. 식단을 짜는 것이 좋지만 어떻게 하면 좋을지 모를 경우에는 '믿을 수 있는 브랜드의 캣푸드'를 이용해 보세요.

캣푸드는 건조 형식과 습식 형식 두 종류가 있습니다. 장기간 보존이 가능하고 쉽게 먹일 수 있는 건조 형식이 주식입니다. 다만 수분이 부족하지 않도록 물을 충분히 주어야 한다는 점을 염두에 두십시오.

습식 형식은 수분을 함께 섭취할 수 있다는 장점이 있지만 쉽게 상하고 가격도 비쌉니다. 이 점을 고려하여 적절하게 균형을 맞춰서 사용하시기 바랍니다.

참고로, 우리 집의 선택 기준은 '자주 다니는 동물병원에서 이용하는 브랜드'입니다. 잘 모를 경우에는 당신의 고양이를 치료해 주는 수의사에게 문의하는 것이 가장 확실합니다.

상품의 성분 표기만으로도 판단하기 어렵습니다. 일본에서는 일단 '애완동물용 사료의 안전성 확보에 관한 법률'이 있긴 하지만, 이 법률은 원산국 표시를 강화하지 않습니다. 성분의 표시 의무는 있

어도 첨가물 표시 의무는 없습니다. 애당초 이 법은 중국제 캣푸드로 인한 고양이 사망 사고가 잦아서 만들어졌기 때문에 기준이 느슨합니다.

솔직히 말해서 전문 지식 없이는 안전한 캣푸드를 고르기 어렵습니다. 그래서 우리 집은 이 부분의 전문가인 수의사에게 문의하여 선택 기준을 잡고 있습니다.

참고로, 캣푸드로 높은 평가를 받고 있는 국가의 제품은 일본제와 미국제, 그리고 독일제와 이탈리아제 등 유럽제입니다.

고양이는 사람과 똑같이 먹여서는 안 된다.

고양이를 오래 살게 하는 온도 관리

고양이는 느긋하게 쉬면서 자주 자신의 몸을 핥아 털 정리를 합니다. 그런 모습을 보고 있는 것만으로도 저까지 기분이 느긋해지니 참 신기합니다.

고양이는 깔끔한 것을 좋아합니다. 털 정리를 하여 몸을 청결하게 유지하고 불필요한 냄새를 없애서 자신의 냄새가 배게 만듭니다.

우리 집에는 '효'라는 기가 센 고양이가 있습니다. 열정적으로 자신의 털을 정리하여 깨끗이 유지합니다. 제가 등을 쓰다듬어 주면 '이상한 냄새가 묻었잖아'라고 하는 듯 다시 열심히 그 부분을 핥아서 자신

의 냄새로 바꿉니다. 조금 서글프기도 하지만 자신의 외모와 기분을 늘 최상의 상태로 유지하려는 자세에 감탄하곤 합니다.

그런데 고양이는 강아지와 달라서 옷 입는 것을 몹시 싫어합니다. 억지로 입히려다가 미움을 살 수도 있으니 아주 유순한 고양이가 아니라면 '옷 입은 귀여운 우리 고양이의 사진을 찍고 싶다'라는 희망은 아예 갖지 않는 것이 좋습니다.

고양이는 발바닥 말고는 땀을 흘리지 않아 더위를 많이 탑니다. 그래서 체온 조절을 잘 못합니다. 고양이는 모피 코트를 입고 있는 사람과 똑같은 상태입니다. 그러므로 실내의 온도 관리는 고양이에게 매우 중요합니다.

일 년 내내 실내 온도를 쾌적하게 유지하여 고양이의 몸에 무리가 가지 않도록 해줘야 합니다. 특히 여름에는 조심해야 합니다. 요즘은 여름이 아니라도 덥습니다. 사람은 더위를 느끼지 않더라도 고양이를 위해 빠른 시기부터 냉방을 가동시켜 줍시다.

고양이도 인간과 마찬가지로 더우면 거리를 두고 피하려 합니다. 그러니 냉방을 켜서 시원하게 해주면 더운 여름이라도 소통의 기회가 많아집니다. 이 같은 측면에서라도 온도 조절을 권합니다.

그런데 나이 많은 고양이인 경우에는 추위에 신경을 써야 합니다. 나이 많은 수컷 고양이는 방광에 병이 걸리기 쉬운데, 추위로 인한 발병률이 높다고 합니다. 나이 많은 수컷 고양이는 방광염 → 신장병 순으로 병에 걸릴 확률이 높습니다. 방을 차갑게 하면 이런 질병에 취약해지게 됩니다. 나이 많은 고양이가 병에 걸리지 않도록 겨울이 다가오면 서둘러 방을 따뜻하게 해주어야 합니다.

우리 집에서는 처음에 '고지로'라는 수컷 고양이를 키웠습니다. 고지로도 겨울에 몸이 아파서 방광염 → 신장병 순으로 병이 악화했습니다. 신장은 한 번 기능이 떨어지면 다시는 회복되지 않습니다. '그때 좀 더 따뜻하게 해줬더라면' 하고 지금도 후회할 때가 많습니다.

나중에 후회하지 않기 위해서라도 항상 고양이의 온도 관리에 신경을 써 주십시오.

 고양이를 위한 온도 조절은 '빠를수록' 좋다.

고양이에게 사랑을 받는 먹이 주는 방법

식사의 목적은 영양을 섭취하고 건강한 몸을 유지하는 것입니다. 맞는 말이지만 영양만 있다고 좋은 식사라고 단정할 수는 없습니다.

사람도 그렇지만 고양이의 식사도 '마음의 문제'가 중요합니다.

사람에게 어렸을 적의 식사에 대한 기억은 특별한 의미가 있습니다. 그것과 똑같지는 않다 해도 밥 주는 법은 고양이와의 신뢰 관계에 많은 영향을 줍니다.

그렇다고 정성스럽게 손수 요리를 만들어 주라는 말은 아니니 안심하십시오. 약간 꾀를 내어 큰 효과를 얻는 방법을 알려 드리겠습니다.

1. 조금씩 여러 번 준다

고양이에게 밥을 줄 때, 양을 적게 하여 횟수를 늘립시다.

첫 번째 이유는, 원래 고양이는 스스로 먹이를 잡아서 조금씩 여러 번 나눠 먹는 습성을 가진 동물입니다. 따라서 고양이의 몸도 그에 맞게 적응되어 있습니다.

두 번째 이유는, 먹이를 자주 주다 보면 고양이와 신뢰 관계를 쌓을 수 있기 때문입니다. '맛있는 밥을 주는 사람=좋다'라는 흐름이 고양이의 자연스러운 감정입니다. 이는 인간의 아이라도(사람에 따라서는 어른이라도) 마찬가지입니다.

특히 고양이가 어릴 때, 구체적으로는 생후 2개월까지는 새끼 고

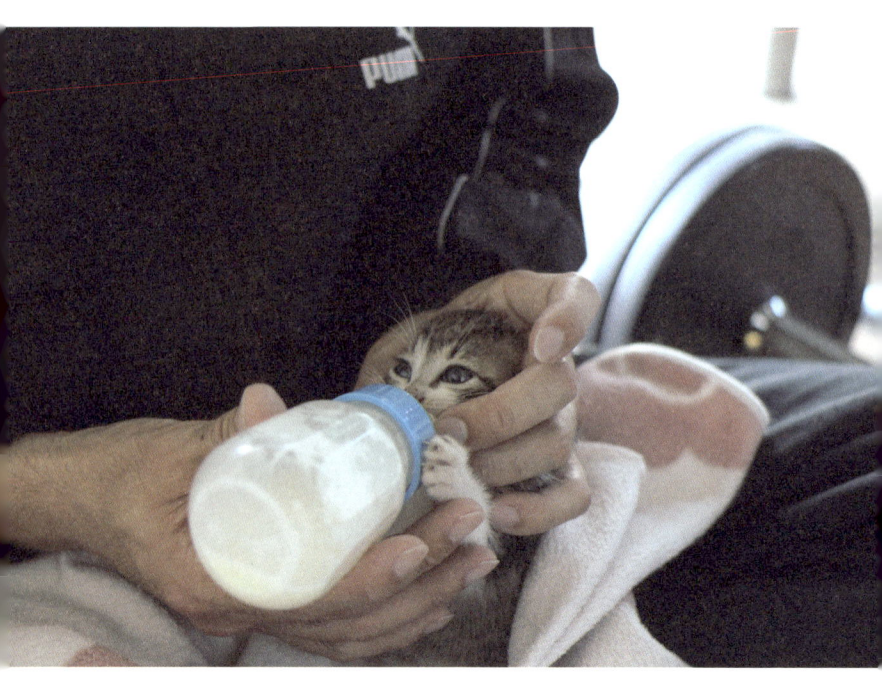

양이의 사교성이 가장 발달하는 시기입니다. 이 시기에 인간에게 밥을 받는 기쁨이 각인된 고양이는 사람을 좋아하는 고양이로 성장합니다.

그 후에도 고양이와 살기 시작한 일 년 간이 매우 중요합니다. 함께 살면서 하루에도 몇 번이고 밥을 주면 고양이는 '이 사람은 내 부모다'라고 기억합니다.

우리 집에서는 스스로 밥을 먹지 못할 만큼 어린 고양이는 고양이용 젖병으로 먹입니다. 생후 한 달이 지나면 습식형 캣푸드를 스스로 먹을 수 있어 밥그릇에 담아 줍니다. 보호한 고양이를 모두 우리 집에서 키우지는 못합니다. 입양할 부모를 찾을 때도 있습니다. 이런 방식으로 키우면 입양한 가정에도 빠르게 적응하여 행복한 관계를 쌓게 됩니다.

이 시기는 다소 고생스럽더라도 밥을 달라고 조르면 응해 주어야 합니다. 몇 번이고 먹이를 챙겨 주어야 하니 귀찮기도 하고, 귀여워서 무심코 한 번에 많이 주고 싶은 마음도 생기겠지만 과식할 우려가 있으니 주의하십시오. 여러 마리의 고양이와 함께 사는 경우에도 식욕이 왕성한 고양이는 다른 아이들이 남긴 먹이를 다 먹어 치워서 몸이 비대해집니다. 고양이도 지나치게 뚱뚱하면 건강에 좋지 않습니다. 그런 이유에서도 먹이를 조금씩 주어야 합니다.

2. 고양이의 기호에 맞춰 준다

'고양이는 맛을 모른다'라는 말을 가끔 듣는데, 이 또한 잘못된 상식입니다. 오히려 고양이의 미각은 매우 민감합니다.

고양이가 혀로 맛을 느끼는 능력이 뛰어나다는 것은 누구나 다 아는 사실하지만, 날카로운 후각도 가졌습니다. 고양이는 냄새를 맡기 위한 코의 점막이 인간의 2배이고 세포 수도 2억 개가 넘습니다. 인간도 감기에 걸리면 코가 막혀 맛을 느끼지 못하듯이 후각과 미각은 깊은 연관이 있습니다. 이러한 사실로 미루어 봐도 고양이의 미각이 얼마나 민감한지 알 수 있습니다. 고양이에게 중요한 영양소인 단백질이나 지방에 대해서는 특히 민감합니다.

고양이는 이렇듯 미각이 민감하고 선호하는 음식도 있어서 계속 같은 맛의 먹이를 먹이면 질려 합니다. 그전까지는 맛있게 먹던 건식 사료를 쳐다보지도 않는 경우도 자주 있습니다.

그러므로 각각의 취향에 맞게 먹이를 편하게 주기 위한 팁을 알려드리겠습니다. 우리 집에 있는 일곱 마리의 고양이도 각각 취향이 다르지만 이 방법으로 먹이를 주면 만족스럽게 밥을 먹습니다.

그것은 20cm 높이의 플라스틱으로 만들어진 병을 몇 개 준비하고 종류가 다른 건식 사료를 조금씩 나눠 담는 방식입니다. 최근 이런 병은 잡화점이나 저렴한 물건만을 모아 파는 가게에서도 손쉽게 구할 수 있습니다.

그런 다음 병에 이름표를 붙여 놓습니다. 식사 시간이 되면 각각 고양이의 기호에 맞춰 병에서 덜어 밥그릇에 담아 줍니다.

이렇게 하면 여러 종류의 먹이를 편하게 준비할 수 있습니다. 먹지 않는 사료는 바로 다른 먹이로 바꿔 넣어 줄 수도 있습니다. 여러 종류를 섞으면 맛의 다양해져 얼마 동안 싫증을 내지 않을 것입니다.

이 방법은 특히 여러 마리가 함께 생활하는 경우에 효과적입니다. 각각 고양이의 기호에 맞춰 적절하게 나눠 줄 수 있기 때문입니다. 고양이가 싫어하는 먹이일지라도 좋아하는 먹이를 위에 뿌려 주는 방식으로 변화를 꾀할 수도 있습니다.

또 다른 이점은 고양이가 내는 '귀엽게 조르는 울음소리'를 들을 수 있다는 것입니다.

먼저 병을 손에 들고 "밥 먹을래?"라고 물어봅시다. "야옹~" 하고 울면 바로 밥을 담아 줍니다. 이처럼 귀엽게 조를 때 밥을 준다는 것을 연결해서 학습시키는 것입니다.

그리고 고양이에게 사랑받는 목적 이외에도 고양이의 건강을 위해서도 골라 먹이는 것은 중요합니다. '최근 헤어볼을 자주 토하니까 헤어볼 케어를 먹여 볼까?', '살이 쪘으니 다이어트 먹이를 먹여 볼까?'와 같이 먹이를 달리 먹여야 할 때도 이 방법을 사용해 보십시오.

고양이는 더욱 당신을 좋아하게 되고 고양이도 만족하니 일석이조입니다.

 먹이를 줄 때 고양이가 당신을 좋아할 수 있도록 해봅시다.

동물병원을 잘 선택하자

고양이의 건강을 위해 동물병원에 다니는 것은 당연한 일입니다.

특히 어린 고양이는 큰 병이 아니어도 위험해질 수 있습니다. 잊지 않고 예방 접종을 제대로 맞추는 것도 중요합니다. 나이가 많은 고양이일 경우에도 병의 예방이나 관리는 반드시 필요합니다.

거친 표현이지만, 이유야 어떻든 간에 고양이를 동물병원에 데려가지 못하는 사람은 고양이와 함께 살 자격이 없습니다. 인간의 아이라고 바꿔 생각해 보시면 금방 이해가 갈 것입니다. 생명과 건강 유지를 위한 노력은 보호자로서 당연한 의무입니다.

동물병원이면 다 괜찮다는 생각은 잘못입니다. '끊임없이 연구하고 공부하는 수의사와 그렇지 않은 수의사'는 다르기 때문입니다.

의학과 기술은 나날이 발전하는데 그 노력을 오래전에 그만둔 사람도 있습니다. 지인의 이야기인데, 고양이의 중성화 수술을 부탁했는데 고양이는 수술 후에 죽음 직전까지 갔다고 합니다. 또한 진단받았던 병이 낫지 않아 다른 동물병원에 데려갔더니 전혀 다른 병이었고, 그 병원에서는 바로 나았다는 사람도 있습니다. 앞의 병원에서 진찰받은 병이 오진이었던 것입니다.

고양이는 당신의 소중한 가족입니다. 그런 고양이를 새로운 치료법에 대해 잘 알고 있는 의사, 실력 있는 의사에게 맡기는 것은 당연한 일입니다.

우리 집에서 선천성 병에 걸린 고양이를 보호했던 적이 있습니다.

안구와 눈꺼풀이 달라붙어 있어 잠을 잘 때도 눈을 감지 못했습니다. 그대로 가면 눈이 건조하여 실명할 위기에 놓여 있었습니다. 다행히 진찰한 수의사가 열심히 공부하는 사람이어서 이 증상을 잘 아는 다른 수의사와 연계하여 고난도 수술을 무사히 마쳐 병을 치료했습니다. 또한 그 고양이는 고환이 꼬여 몸이 나빠질 수도 있었지만 조기에 발견하여 더 심해지기 전에 고쳤습니다.

혹시 그때 오진이 나왔거나 잘못된 처치를 받았다면……. 생각만 해도 오싹합니다.

그때의 갈색 줄무늬 고양이는 '효'라는 이름으로 건강하게 우리 집에서 잘 살고 있습니다.

고양이를 믿고 맡길 수의사를 만나려면, 어쩌다 우연히 들어간 동물병원에 습관적으로 다니는 것이 아니라 다른 동물병원도 몇 군데 찾아볼 필요가 있습니다. 인간이 받는 의료도 세컨드 오피니언이라 하여 다른 의사의 조언을 구하는 경우가 일반적입니다. 고양이도 마찬가지입니다.

고양이에 대해 잘 아는 사람에게 조언을 구하거나 미리 인터넷이나 입소문으로 좋은 평가를 받는 병원을 찾는 것도 효율적입니다.

참고로, 이 책의 감수자인 제 아내가 운영하는 사이트 '제로부터 시작하는 고양이와 사는 법-네코롱'(http://www.nekoron.com/)(일본어 사이트)에서도 무료 상담을 받을 수 있으니 주변에 상담할 곳이 마땅치 않다면 부담 없이 상담해 보세요.

 동물병원은 내 아이 병원처럼 심사숙고해서 선택하자.

고양이의 만족도가 비약적으로 높아지는 가구 배치

고양이가 좋아하는 주거 환경의 요점은 '상하 운동이 가능한 곳'입니다.

고양이는 자기 신장의 5배나 뛰어오를 수 있는 운동 능력을 가졌습니다. 게다가 높은 곳에 오르면 정신적으로도 만족감을 얻습니다.

이 점을 인간의 입장에서는 상상할 수 없습니다. 자신의 키 정도로 높은 계단이 있다면 몹시 불편할 것입니다. 그래서 고양이를 위한 공간적인 배려를 잊어버리기 십상입니다. 고양이에게 상하 운동은 몸과 마음의 건강으로 이어집니다. 집안을 살펴봐서 꼭 이에 맞는 환경을 만들어 주어야 합니다.

'상하 운동'을 위해 제일 간단한 방법은 시판하는 캣타워를 구입하는 것입니다. 인터넷으로 '캣타워'를 검색하면 판매 사이트가 많이 있습니다.

그리고 고양이를 위한 가구 배치를 궁리해 봅시다. 오르는 턱이 계단식으로 서서히 오르게 되어 있으면 고양이는 행복해 합니다. 그런 장소가 몇 군데 있으면 고양이는 꼭대기에 올라가 만족스럽게 털 정리를 하거나 잠자리 삼아 그 자리를 차지할 것입니다.

꼭대기가 딱 사람의 눈높이에 오도록 캣타워나 가구를 방 한가운데에 배치하는 것을 추천합니다. 당신이 그곳을 지날 때마다 잠든 고양이의 귀여운 얼굴을 눈앞에서 볼 수 있기 때문입니다.

우리 집에는 '마루타로'라는 고양이가 있는데 방 한가운데에 배치한 끈이 감긴 캣타워를 좋아합니다. 현관문을 열자마자 바로 마루타로의 자는 얼굴이 눈에 들어옵니다.

이 위안 효과가 굉장히 큽니다. 이러한 위안을 매일 얻게 되므로 정신적·육체적으로 당신에게 미치는 좋은 영향은 이루 헤아릴 수 없습니다. 다소 비용이 들어가지만 가격이 저렴한 투자라고 할 수 있습니다.

 고양이에게 좋은 주거 환경은 '계단턱과 높이'로 결정된다.

후회 없이 고양이와 만나는 방법

이 책을 읽고 나서 고양이와 함께 살고 싶은 마음이 생긴 분도 있을 것입니다. 고양이는 당신의 인생에 큰 영향을 미치는 중요한 파트너입니다. 그리고 그 판단은 일생에서 매우 중요한 선택입니다. 이제 고양이와 만나는 방법에 대해 알려 드리겠습니다.

고양이는 애완동물 가게에서 사지 말고 '보호 단체 같은 곳에서 입양'하시기를 권합니다. 여기에는 두 가지 이유가 있습니다. 첫 번째 이유는 곧 안락사될 운명에 처한 불쌍한 생명을 구할 수 있습니다. 일본에서는 연간 고양이 8만 마리가 버려져 죽임을 당합니다. 그런 고양이를 입양한다면 생명을 구하는 셈입니다.

혹시 불행한 고양이들을 보호하고 있는 행정 시설을 찾아가기가 망설여진다면 간접적으로 입양을 해도 됩니다. 동물 애호 단체나 자원봉사를 하는 사람들이 고양이를 시설에서 입양해 줍니다. 그런 단체나 개인을 찾아가십시오. 최근 죽임을 당하는 고양이 수가 줄어드는 배경에는 이처럼 단체나 개인의 부단한 노력이 있습니다.

두 번째 이유는 불행한 고양이가 더는 늘지 않기를 바라는 마음입니다. 안타깝게도 지금 일본에 있는 많은 애완동물 회사가 고양이를 판매하고 있지만, 회사에서는 유통 과정에서 발생하는 손실을 줄이기 위해 철 지난 불량품을 폐기하듯이 사전에 폐사시킵니다. 애완동물 가게에서도 다 큰 고양이는 '가치가 떨어진 상품'으로 간주하여 안락사를 시키기도 합니다.

이러한 불행한 고양이가 늘어나지 않도록 보호 단체를 통해 고양이를 입양해 주기를 바랍니다. 그리고 순수 혈통을 지닌 고양이를 좋아하는 분도 있겠지만 저는 흔히 잡종이라고 말하는 믹스 고양이를 좋아합니다. 이런 고양이는 보기에도 귀엽지만 건강하기까지 합니다.

개와 달리 고양이는 크기나 겉보기에서 잡종과 순종의 차이가 거의 없습니다. 두 쪽 다 똑같이 귀엽습니다. 취향에 따라 다르겠지만 잡종 고양이는 아주 귀엽습니다. 텔레비전에 나오거나 사진집을 출판할 정도로 인기 있는 고양이는 대부분 잡종 고양이입니다.

또한 고양이의 순종은 근친 교배를 거듭하는 경우가 많아 특정한 병에 걸리기 쉽다고 합니다. 예를 들면 스코티시폴드라는 순종 고양이는 처진 귀가 귀여워서 애완동물 가게에서 인기가 있습니다. 그

런데 귀가 처지는 이유는 연골의 형성이 약하기 때문이며, 사실 귀뿐만 아니라 전신의 뼈가 약한 경우도 많습니다. 나이가 들면 관절이 약해지고 걸어 다닐 때마다 고통을 느끼는 고양이도 있다고 합니다. 저는 고양이에게 그런 고통을 주고 싶지 않습니다. 그런 고양이를 지켜보는 가족들도 마음이 편치 않을 것입니다. 취향이 달라 단정 짓진 못하지만 가능하면 이러한 고양이가 늘어나지 않도록 논의해 볼 때입니다.

잡종은 이러한 선천적인 병을 앓고 있는 경우가 적습니다. 병에 걸려도 회복력이 강합니다.

제가 처음 함께 살았던 고양이는 '고지로'라는 잡종 고양이었습니다. 신장병이 많이 악화된 상태에서 2년 반을 더 살았습니다. 수의사도 놀라워했습니다. 그 기간은 저와 아내에게 마음의 준비를 할 기회를 만들어 준, 더 없이 소중한 시간이었습니다.

만약 그 시간이 없었더라면 마음의 준비도 하지 못한 채 이별했을 것입니다. 고지로에게 받았던 행복과 기쁨을 돌아볼 여유도 없었을 뿐더러 이 책을 쓰지도 못했을 것입니다. 그때 고지로를 지켜보면서 저는 이 책을 쓸 생각을 했습니다.

어디서 고양이를 입양하는지는 당신 혼자만의 문제가 아니라 많은 고양이의 미래를 좌우하는 중요한 일입니다. 이 책을 읽고 고양이의 매력을 알게 된 당신은 부디 후회 없는 방식으로 사랑스러운 고양이와 만났으면 합니다.

 지금과 미래에 불행한 고양이를 줄이는 만남의 방법이 있다.

사전 지식이 없는 상태에서 새끼 고양이 키우는 법

   고양이와의 만남은 어느 날 느닷없이 찾아옵니다. '길에서 울고 있는 새끼 고양이를 만났다'면 그 순간, 어떻게 하면 좋을지 당황할 것입니다.

   결론부터 말하자면 어미와 떨어졌다면 당장 보호하는 게 정답입니다. 왜냐하면 어미 고양이는 새끼 고양이가 살아남지 못할 것이라고 판단하면 버려 두고 가 버리는 경우가 있기 때문입니다. 이때 구해주지 않으면 서서히 울 힘을 잃어가서 사람이 알아차리지 못하게 됩니다. 그렇게 새끼 고양이는 죽겠지요. 이런 일이 생기지 않도록 고양이를 발견하면 바로 보호합시다.

   그러나 사전 지식이 없는 상태에서 고양이를 보호한다는 건 쉽지 않습니다. 우선 불안합니다.

   그럴 때 당황하지 않고 서둘러 고양이를 보호하여 기르는 방법을 소개해 드리겠습니다. 여기서는 생후 2개월 미만인 새끼 고양이가 갑자기 나타난 상황을 가정하겠습니다. 고양이의 생명은 이미 당신 손에 달려 있습니다. 하지만 걱정하지 마십시오. 다음 세 가지 절차대로 진행하면 문제없습니다.

(참고: 웹 사이트 '제로부터 알아가는 고양이와의 생활 방법- 네코롱'에서)

[스텝 0] 마음의 준비

새끼 고양이를 도와주고 싶다, 새끼 고양이가 귀엽다는 생각이 들었다면 거기서부터 시작입니다.

[스텝 1] 첫 식사

새끼 고양이 전용 분말우유, 새끼 고양이용 젖병을 준비합니다.

애완동물 가게는 물론이고 홈센터, 약국, 백화점, 마트의 애완동물용품 코너에서 살 수 있습니다.

분말 우유를 따뜻한 물에 풀어 사람의 체온 정도까지 식힙니다. 젖병은 쉽게 우유를 빨아들일 수 있도록 꼭지 부분을 자릅니다. 크게 자르면 우유가 너무 많이 나와 잘못 삼킬 수 있으니 처음에는 조금만 자릅니다.

먹일 때는 젖병의 각도를 잘 맞춰서 천천히 숨이 막히지 않도록 먹입니다. 하루에 4~5회 먹입니다. 고양이가 원하는 만큼 주어도 되지만 배가 불룩해지면 그만 먹입니다.

이 물품들을 곧바로 준비할 수 없을 때는 대체품으로 우유 한 컵에 달걀 한 개를 넣어 섞은 것을 먹입니다. 우유는 고양이에게 안 좋지만(유당이 설사를 일으키고, 영양가도 부족하다.) 한시라도 빨리 영양을 섭취하는 것이 우선입니다. 어디까지나 임시적인 대용품이지만 먹여도 상관없습니다.

[스텝 2] 새끼 고양이가 안심할 수 있는 집

인간의 집으로 들어온 새끼 고양이는 새로운 환경에 불안해하고 두려워합니다. 그런 고양이가 안심할 수 있는 요새와 같다면, 그곳이 가장 쾌적한 새끼 고양이의 집이 됩니다. 어둡고 조용하고 따뜻해서 안심할 수 있는 환경을 만들어 고양이를 가만히 넣어 줍시다. 그리고 우유 수유나 배설을 돌봐줄 때 말고는 고양이가 스스로 나올 때까지 억지로 밖으로 끌어내지 말아야 합니다. 가만히 지켜봐 줍시다.

철제나 플라스틱 케이지가 있다면 가장 좋지만 혹시 없다면 쉽게 준비할 수 있는 종이 박스를 활용합니다. 경험상 약국 등에서 화장실용 휴지나 상자 티슈를 담는 큰 종이 상자를 이용하면 편합니다. 뚜껑을 열고 닫을 수 있게 만들면 이후로 화장실 사용이나 먹이 반입이 편리합니다. 옆에 고양이 출입구도 만듭시다.

새끼 고양이에게 적절한 온도의 잠자리는 매우 중요합니다. 고양이는 보통 어미 고양이나 형제 고양이와 옹기종기 모여서 몸을 덥혀 체온을 유지합니다. 그것을 대신해서 바닥에 신문지를 깔고 그 위에 낡은 담요 등을 덮고 보온 물주머니를 넣어 줍니다.

보온 물주머니가 없을 경우에는 40도~45도 정도의 따뜻한 물을 담은 페트병이나 일회용 핫팩을 손수건으로 싸서 대신합니다. 이때 화상을 예방하기 위해 반드시 손수건으로 싸서 온도를 조절해야 합니다.

[스텝 3] 아주 중요한 건강검진

새끼 고양이를 보호했을 때는 가능하면 그날 아니면 늦어도 이틀 이내에 동물병원에 데려가서 건강검진을 받아야 합니다. 길고양이는 영양 상태가 좋지 않은 경우가 많아 몸 상태가 급변할 가능성도 있기 때문입니다. 키울 동안 걱정거리를 줄이기 위해서라도 진찰을 받는 것은 필수입니다. 새끼 고양이를 그대로 당신의 가족으로 맞이하든 분양받을 부모를 찾을 때까지만 돌봐주든 두 쪽 다 해당되는 사항입니다.

길고양이의 경우 건강 상태의 확인은 물론이고 벼룩이나 구충, 성별의 판별, 대략적인 월령도 알아둡시다. 수의사에게서 고양이 돌보는 방법 등 조언을 구할 수 있을 것입니다. 그리고 궁금한 점이 있으면 서슴지 말고 수의사에게 질문하고 고양이 상태를 상세하게 알려 주어야 합니다. .

대략 이 세 가지 단계를 알아 두면, 갑자기 고양이와 만났을 때도 보호해 줄 마음이 생길 것입니다. 당황하며 망설이고 있을지 보호를 결정하고 행동할지는 이러한 사전 지식이 크게 좌우합니다.

더욱 상세하게 알고 싶다면 이 책의 감수자이자 제 아내이며 고양이 생활 어드바이저인 가바키 미나코가 운영하는 웹사이트 '제로부터 알아가는 고양이와의 생활 방법 네코롱'을 활용하시면 많은 도움이 될 것입니다.

무료로 메일 상담도 받고 있으니 관심 있는 분들은 키워드 '새끼 고양이를 키우는 법 네코롱'으로 검색하거나 http://www.nekoron.com/(일본어 사이트)에 접속해 보세요.

 사전 지식만 있다면 새끼 고양이를 만나도 잘 돌볼 수 있다.

여러 마리 고양이와 함께 살면 좋은 점

 이미 고양이와 살고 있는 분 중에 한 마리만 있는 경우가 대부분이라고 생각합니다. 일본의 통계에 따르면 한 세대 당 평균 약 1.7마리입니다. 주택 사정도 있겠지만 아쉬운 일입니다.

 왜냐하면 고양이는 여러 마리를 키워도 별로 손이 가지 않으면서 얻는 것이 많기 때문입니다. 밥을 주거나 화장실 청소 등도 고양이 수가 많아도 별로 횟수가 늘어나지 않습니다. 오히려 고양이끼리 잘 놀아서 돌보는 일이 수월합니다.

 고양이가 한 마리일 때는 고양이끼리의 소통이 없어서 당신과 고양이의 1대 1 관계뿐입니다. 그러나 고양이가 두 마리로 늘어나면 관계는 셋이 되고, 고양이가 세 마리로 늘어나면 관계는 여섯이 됩니다. 그만큼 관계가 늘어나면 늘어날수록 거기서 벌어지는 소통도 늘어나고 그것을 지켜보는 당신의 기쁨도 증가합니다.

 참고로 우리 집에서는 고양이 일곱 마리와 사람 두 명이라서 고양이가 압도적으로 많습니다. 우리 집은 고양이를 중심으로 돌아갑니다. 거기에는 여러 기쁨도 있고 배움도 있어서 즐거운 나날을 보내고 있습니다. 고양이 수가 많아지면 소통의 기회가 늘어날 뿐 아니라 고양이 각자의 개성이 더욱 두드러집니다.

 우리 집 '치치'는 갈색과 하얀색 털을 가진 대장 고양이입니다. 엄격하고 빈틈없는 성격이지만 가끔 다정하게 대하곤 해서 고양이도 사람도 기쁘게 합니다.

'마츠치요'는 소심한 성격의 고양이입니다. 집안의 세력 다툼에서 수동적인 입장이지만 꿋꿋한 모습을 보여 줍니다.

'효'는 반대로 기가 센 고양이입니다. 고집쟁이여서 어리광을 부렸을 때는 그만큼 귀여움이 커집니다. 형인 마츠치요에게 공격적으로 굴지만 그 모습에서 어리광을 부리고 있다는 것도 느껴집니다.

'코코타로'는 이마가 팔자 모양으로 나뉜 흑백 수컷 고양이로, 포용력과 아량이 넓어서 놀라곤 합니다. 혈연이 없는 새끼 고양이를 친자식처럼 돌봐 줍니다. 고양이인데도 '기지타로'는 하얀색 털을 가진 고양이로, 성격이 느긋한 응석꾸러기입니다. 자신감이 없는 만큼 우유부단한 모습이 귀엽습니다.

'시마지로'도 하얀색 털을 가진 고양이로, 기지타로와 피를 나눈 형제입니다. 형제라도 정반대여서 섬세한 성격이라 상처받기 쉽지만 다른 고양이들이 따라 하지 못할 만큼 어리광을 부립니다.

'마루타로'는 막내이며 개구쟁이입니다. 갈색과 흰색 털을 가진 고양이입니다. 고양이 중 가장 어린 데다 애교가 많아 항상 귀여움을 독차지합니다.

고양이끼리의 의사소통을 살피다 보면 각각의 개성도 알 수 있고, 깊은 애착도 생깁니다. 그들의 사회에서 고양이가 어떻게 행동하는지 배울 수도 있습니다. 나날이 애정은 깊어지고 집안이 배움의 장으로 바뀝니다. 고양이를 좋아하는 당신은 그런 고양이들을 지켜보면서 기쁨도 배가 될 것입니다.

 고양이와 살 거라면 여러 마리와 함께 살기를 권한다.

고양이와 살 용기

　이 책에서 고양이와 살면 좋은 점을 다양한 각도에서 알려드렸습니다. 고양이와 사는 것의 훌륭한 점을 배워 고양이와 살겠다고 마음먹었을 수도 있습니다.

　하지만 잠깐만 기다려 주십시오. 고양이와 산다는 것은 책임이 따릅니다. '장점이 있으니까', '귀여우니까'라는 일시적인 감정만으로 결정해선 안 됩니다.

　왜냐하면 고양이와의 생활은 적어도 16년이지만 그보다도 더 긴 세월을 함께 살아야 할지도 모릅니다. 고양이의 일생을 끝까지 지켜봐 주고 마지막까지 곁에 있어 줄 각오가 돼 있어야 합니다. 어떤 이유가 있더라도 중도에 포기해서는 안 됩니다. '동물의 애호 및 관리에 관한 법률'(동물애호관리법)에 반하는 일입니다.

　고양이와 지낸다는 것은 당신의 인생 중 일부를 고양이를 위해 쓴다는 뜻입니다. 어쩌면 취미 생활하는 시간이 줄어들지도 모릅니다. 오래 집을 비우기가 어려워 장기간의 여행을 좋아하는 사람은 걸림돌이 될지도 모릅니다. 그런 점을 고려해 고양이와 살 것을 결정해야 합니다. 자기만의 시간을 고양이에게 할애하기 싫다면 고양이와 사는 것을 보류하십시오.

　경제적인 측면도 부담이 있습니다. 고양이는 애완동물치고는 비교적 돈이 많이 들지는 않습니다. 그래도 좋은 환경을 만들어 주려면 어느 정도 돈이 들어갑니다. 건강을 위해 전용 캣푸드를 사야 하

고 질 좋은 사료를 골라야 하고, 화장실도 깨끗하게 유지하려면 고양이 전용 모래 등을 구입해야 합니다. 그리고 고양이가 노령에 접어들면 동물병원에 들락거려야 합니다. 병원비가 고액인 경우도 있습니다. 그러한 지출이 고통으로 느껴진다면 고양이와 사는 건 어렵습니다.

가장 힘든 일은 고양이와의 이별입니다. 고양이의 수명은 인간보다 훨씬 짧습니다. 가족으로서 소중하게 여겼던 존재가 당신의 인생에서 사라지는 쓰라림을 겪어야 합니다. 고양이가 죽은 후에 펫로스 증후군으로 인해 원래로 되돌아올 때까지 꽤 오랜 시간이 걸리는 사람도 있습니다. 사랑이 깊은 만큼 슬픔도 깊기 때문입니다.

이처럼 고양이와 산다는 것은 즐거운 일만 있는 것이 아니라 괴로운 일도 있습니다. 즐거운 일, 괴로운 일을 다 받아들일 각오가 되어 있으신지요?

고양이와 살려면 용기가 필요하다는 것을 잊지 마시기 바랍니다.

 고양이와 살려면 평생 같이 있을 각오가 필요하다.

이 책에 등장하는 고양이들

고지로 - 레드태비 하얀색 ♂

치치 - 브라운태비 하얀색 ♂

마츠치요 - 브라운태비 ♂

효 - 브라운태비 ♂

코코타로 - 흑백 바이컬러 ♂

기지타로 - 레드태비 ♂

시마지로 - 레드태비 ♂

마루타로 - 브라운태비 하얀색 ♂

루크 - 브라운태비 ♂

타로 - 레드태비 하얀색 ♂

미코 - 삼색 ♀

마치며

이 책을 쓰기 위해 많은 분과 여러 고양이의 도움을 받았습니다.

"고양이와 산다는 것은 상상 이상으로 멋진 일입니다!"라고 술집에서 힘주어 말했더니 "그거 재미있군." 하며 필자에게 기회를 주셨고, 더욱이 '고양이 계발'이라는 키워드까지 고안해 주신 분은 이 책의 담당 편집자이신 자유국민사 다케우치 다카시 씨입니다.

원래 강아지를 더 좋아했던 저에게 고양이의 훌륭함을 알려 주고 고양이와 살 기회를 만들어 준 사람은 이 책의 감수자인 제 아내 가바키 미나코입니다. 그녀는 고양이와 살면서 생기는 여러 고민거리를 상담하는 사이트를 운영하고 있습니다. 그동안 봉사 활동으로 약 2천 건의 상담을 받았습니다.

'제로부터 시작하는 고양이와 생활하는 방법 - 네코롱'
http://www.nekoron.com/ (일본어 사이트)

헌신적으로 '고양이와 사람의 행복한 삶'에 대해 계몽 활동을 하고 있는 그녀의 모습을 보면 언제나 존경스럽습니다.

그리고 처음으로 같이 살았던 고양이 '고지로'. 가족으로서 많은 위안을 얻었고 저를 성장하게 만들어 주며 17년간을 같이 살았던 고지리에게서 저는 좋은 영향을 많이 받았습니다.

지금 나와 같이 살고 있는 일곱 마리 고양이, '치치', '마츠치요', '효',

'코코타로', '기지타로', '시마지로', '마루타로'에게서 매일매일 위안을 받고, 성장하며, 깨달음을 얻고 있습니다. 그들과 같이 살지 않았다면 이 책은 나오지 못했을 것입니다.

  고양이의 훌륭함에 대해 말하자면 끝이 없습니다. 부족하지만 이 책 덕분에 불행한 고양이가 한 마리라도 줄어드는 데 도움이 되었으면 합니다. 또한 한 커플이라도 사람과 고양이의 행복한 관계가 만들어지고 신뢰 관계가 확대되기를 바라며 펜을 놓습니다.

일곱 마리의 고양이에 둘러싸여 자택에서
가바키 히로시

SHIAWASE NI NARITAKEREBA NEKO TO KURASHINASAI
Copyright©Hiroshi Kabaki, 2016

All rights reserved.
Original Japanese edition published by JIYU KOKUMINSHA Co.,LTD.
Korean translation rights arranged with Hiroshi Kabaki
through YOONIR AGENCY(Korea) Co.,LTD.

이 책의 한국어판 저작권은 유니르 에이전시를 통한 저작권사와의 독점 계약으로 문학세계사에 있습니다. 저작권법에 의해 한국 내에서 보호를 받는 저작물이므로 무단전재와 복제를 금합니다.

행복하고 싶다면
고양이와 함께
사세요

초판 1쇄 발행 2018년 3월 2일

지은이 가바키 히로시 | 감수 가바키 미나코 | 옮긴이 한성례
펴낸이 김종해 | 펴낸곳 문학세계사 | 주소 서울시 마포구 신수로 59-1(04087)
대표전화 02-702-1800 | 팩시밀리 02-702-0084 | 이메일 mail@msp21.co.kr
홈페이지 www.msp21.co.kr | 페이스북 www.facebook.com/msp21.co.kr
출판등록 제21-108호(1979. 5. 16) | ISBN 978- 89-7075-872-5 13490
ⓒ문학세계사, 2018 | 값 13,000원

이 도서의 국립중앙도서관 출판예정도서목록(CIP)은 서지정보유통지원시스템
홈페이지(http://seoji.nl.go.kr)와 자료공동목록시스템(http://www.nl.go.kr/kolisnet)
에서 이용하실 수 있습니다. (CIP제어번호:CIP2018005281)